विस्तार का वैभव

भाग-02

लम्बी कहानियों पर केन्द्रित

संपादक
रचना सिंह

प्रभाकर प्रकाशन

HB ISBN: 978-93-56825-57-4
ISBN: 978-93-56824-93-5
eISBN:978-93-56829-96-1

प्रकाशकः प्रभाकर प्रकाशन
प्लॉट नं.-63, मेन मदर डेयरी रोड
पांडव नगर, ईस्ट दिल्ली-110092
फोनः 011-40395855
व्हाट्स ऐपः +91 9319228272
ई-मेलः Sales@pharosbooks.in
वेबसाइटः www.pharosbooks.in

प्रथम संस्करणः 2025

मुद्रकः सुषमा बुक बाइंडिंग हाउस ओखला इंडस्ट्रियल
एरिया फेस-II, नई दिल्ली-110020

विस्तार का वैभव (भाग-2)
लम्बी कहानियों पर केन्द्रित
संपादकः रचना सिंह

भूमिका

आम तौर पर कहानी पर बात करते हुए इसकी अनिवार्य विशिष्टता के रूप में संक्षिप्तता की चर्चा की जाती है। 'छोटा मुँह बड़ी बात', 'नो एडमिशन विदाउट परमिशन' और 'एक बैठक में पढ़ी जा सकने वाली' जैसी अनेक बातें इस संदर्भ में अक्सर कही जाती हैं। लेकिन इस बात को अनदेखा नहीं किया जा सकता कि कहानी के इस संक्षिप्त रूप के साथ ही कहानी को एक ऐसे नए कलेवर की भी दरकार थी, जो वर्तमान समय की जटिलताओं को समेट सके। आज, जब यथार्थ को सपाट ढंग से समझना कठिन है, स्याह और सफ़ेद का अलगाव धुंधलाने लगा है, सत्य अपनी अनेक परतों के साथ हमें चुनौती दे रहा है, तब लम्बी कहानियों का यह नया ढाँचा इसे पकड़ने में निश्चित रूप से हमारी मदद करता है। कई बार यथार्थ के जटिल रूप को पकड़ने के लिए रचना की अंतर्वस्तु के स्थान पर उसके ढाँचे या शिल्प में बदलाव हमारे लिए अधिक मददगार साबित होता है। अपनी लम्बी कहानियों के लिए विशेष रूप से प्रसिद्ध लेखक उदय प्रकाश की कहानियाँ इस जटिल समय और संवेदना की अभिव्यक्ति के लिए कहानी के ढाँचे को अपनी तरह से परिवर्तित करती हैं। ये परिवर्तन कहानियों की लम्बाई के तौर पर तो देखा ही जा सकता है, उसके शिल्प के साथ भी उदय प्रकाश प्रयोग करते हैं, और इसीलिए फैंटेसी उनकी कहानियों में लौट-लौट कर आती है। कहने का तात्पर्य यह है कि जटिलता की अभिव्यक्ति में कई बार अंतर्वस्तु से अधिक शिल्प की भूमिका महत्त्वपूर्ण हो सकती है।

यह पुस्तक हिंदी की लम्बी कहानियों पर केन्द्रित है। इन कहानियों पर अलग-अलग स्थानों पर पर्याप्त बात हुई है, लेकिन हमारी मंशा थी कि एक ही साथ एक ही स्थान पर इन कहानियों पर नए सिरे से कुछ बातचीत संभव हो सके। इसकी योजना जब बन रही थी, तो ज़हन में अनायास अपेक्षाकृत नई कहानियाँ ही ज़्यादा आईं। इसके कारणों पर सोचा तो कई बातें सामने आईं, जो इस पुस्तक के विभिन्न लेखों में किसी-न-किसी रूप में शामिल हैं। इस पुस्तक में कुछ ऐसी कहानियाँ भी शामिल हैं, जो मूलतः प्रकाशित तो कहानी के रूप में हुई थीं, लेकिन बाद में उपन्यास की शक्ल में पाठकों को उपलब्ध हुईं। यही कारण है कि इस अंक में उन कहानियों पर चर्चा के दौरान उन्हें उपन्यास के रूप में भी देखा गया है। यह और बात है कि वे रचनाएँ मूलतः कहानी के रूप में ही प्रकाशित हुई थीं, इसलिए उनकी गति में एक क्षिप्रता अनायास दिखाई पड़ जाएगी, जो उन्हें उपन्यास की विवरणात्मक प्रवृत्ति से अलगाती हैं।

लम्बी कहानी की संज्ञा क्या कहानी के आकार की वजह से मिलती है? एक बैठक में पढ़ी जा सकने वाली कहानी को लम्बी कहानी जैसे नए आयाम की आवश्यकता क्यों पड़ी? लम्बी कहानी कहाँ और कैसे उपन्यास से गले मिलने लगती है—जैसे कई सवालों के सूत्र इस अंक में सम्मिलित साक्षात्कार तथा अन्य कई लेखों में मिलेंगे—ऐसा मेरा विश्वास है।

यह चयन किसी भी दृष्टि से प्रतिनिधि चयन नहीं है। पुस्तक के स्वरूप को ध्यान में रखते हुए मैंने अलग-अलग समय, प्रवृत्ति और लेखकों की कुछ कहानियों को चुना। जाहिर है कि कुछ महत्त्वपूर्ण कहानियाँ ज़रूर छूटी होंगी। कुछ कहानियों को समय पर लेख न मिल पाने के कारण भी हमें छोड़ना पड़ा। इस पुस्तक में यह ध्यान रखा गया हैं कि चुनी हुई इन

कहानियों पर कोई कहानीकार ही अपनी बात रखे, विशुद्ध आलोचक नहीं।

मैं इसके लिए सभी लेखकों का आभार व्यक्त करना चाहती हूँ कि मूल रूप से उन्होंने अपने लेख अपनी ही लिखावट में उपलब्ध करवाए, जिसका एक अंश आप इस पुस्तक में देख पाएँगे। इस पुस्तक की तैयारी से लेकर इसके प्रकाशन की पूरी प्रक्रिया के दौरान पल्लव मेरे साथ बने रहे। मैं उनके प्रति हार्दिक आभार व्यक्त करती हूँ।

आगे जो भी कहना है, यह पुस्तक स्वयं कहेगी...

–रचना सिंह

अनुक्रम

साक्षात्कार

लम्बाई रचना का प्रतिमान नहीं हो सकती

विश्वनाथ त्रिपाठी से बातचीत

डॉ. विश्वनाथ त्रिपाठी हिंदी के ऐसे आलोचक हैं, जिनकी भाषा किसी भी रचनाकार के लिए स्पृहा का विषय हो सकती है। जीवनानुभव और ठेठ यथार्थ से निकली इस भाषा को डॉ. त्रिपाठी ने लम्बी साधना से अर्जित किया है। तुलसीदास और केदारनाथ अग्रवाल जैसे कवियों के साथ हरिशंकर परसाई जैसे गद्यकार पर स्वतंत्र पुस्तकें लिख चुके त्रिपाठी जी इधर कहानी आलोचना में भी रमे हैं। 'कुछ कहानियाँ कुछ विचार' के बाद कथा आलोचना पर उनकी नई पुस्तक शीघ्र आने को है। लाज़िम था कि उनसे लम्बी कहानियों के शिल्प और अंतर्वस्तु पर बात की जाए। त्रिपाठी जी के साथ अनुपम त्रिपाठी, शिवानी शर्मा, आदर्श, रोहित कुमार, और डॉ. पल्लव की बातचीत आगे है–

पल्लव–शुरुआत में बातचीत में आसानी रहे उसके लिए मैं थोड़ी-सी भूमिका बना देता हूँ। हिंदी में यह बड़ा गड़बड़ मामला है। गड़बड़ यह है कि कृष्णा सोबती की कहानी 'ऐ लड़की' वर्तमान साहित्य के कहानी विशेषांक में छपी थी, लेकिन वह बाद में उपन्यास के रूप में छपी। शास्त्र इस संबंध में क्या कहता है? किसी रचना को कब लम्बी कहानी, कब कहानी, कब उपन्यास और कब लघु उपन्यास कहेंगे और अब तो नॉवेल नाम का रूप भी आ गया है। इसका जो वर्गीकरण है उसके बारे में थोड़ा-सा बताइये।

त्रिपाठी जी–देखिए, कहानी का कोई शास्त्र नहीं बना है। और मुझे सिर्फ़ दो किताबें याद आती हैं। एक तो बहुत पहले काशी हिन्दू विश्वविद्यालय के बहुत पुराने अध्यापक डॉ. जगन्नाथ शर्मा की किताब 'कहानी का रचना विधान' और दूसरी इस विषय में थोड़ा बहुत काम करती है, जो बहुत अच्छी किताब है कहानी पर डॉ. नामवर सिंह की 'कहानी: नयी कहानी।' कहानी के बारे में बड़ा प्रसिद्ध वाक्य है कि वह 'छोटे मुँह बड़ी बात' कहती है। तो आप इस मुहावरे 'छोटे मुँह बड़ी बात' को बिलकुल ध्यान में रखें। यदि आप कहानी के शास्त्र के बारे में बात करते हैं तो कहानी की एक पहचान यह है कि वो आवश्यकता से अधिक दीर्घ नहीं होती। मैंने खुद उस बीच में कहानी पर थोड़ा-बहुत काम किया है और मैं इस सवाल से खुद अपने आपसे (जूझना तो बड़ा शब्द है) परेशान होता रहा हूँ। आप देखेंगे कि लम्बी कहानियाँ ऐसा नहीं है कि अभी लिखी जा रही हैं। एक दौर था जब मोहन राकेश ने 'कुछ लम्बी कहानियाँ' नाम से कहानियों का एक संकलन निकाला था जिसमें निर्मल वर्मा की कहानी थी, रेणु की कहानी 'तीसरी कसम' थी, शेखर जोशी की 'कोसी का घटवार' थी। और मेरे ख़याल से राजेन्द्र यादव की कहानी 'जहाँ लक्ष्मी क़ैद है', और मोहन राकेश की कहानी 'मलबे का मालिक' या कोई और, मैं निश्चित नहीं हूँ। मैंने देखा कि जो आजकल की लम्बी कहानियाँ हैं जो ज़्यादातर शुरु हुई हैं 'हंस' से राजेन्द्र यादव के संपादन काल में जिसमें सृंजय की 'कॉमरेड का कोट' है...इस बीच में बहुत आई हैं जिसमें 'ऐ लड़की' भी है। उसके पहले लम्बी कहानी 'मित्रो मरजानी' जो अभी उपन्यास के रूप में छपा। लेकिन मैंने देखा कि जो लम्बी कहानियाँ आजकल लिखी जा रही हैं और जो 'नयी कहानी' के दौर के कहानीकारों ने लम्बी कहानियाँ लिखीं उसमें अंतर है। अंतर, प्रक्रिया और संरचना में है। वो बहुत समतल रुप में

चलती हैं। यानि कार्य और कारण का संबंध, घटनाक्रम का संबंध बहुत समतल है। उसमें एकदम से नाना प्रकार के प्रयोग नहीं किए जाते हैं। जो आपको उदय प्रकाश की कहानियों में मिलता है या जो और लोगों की कहानियों में मिलता है। उसका कारण मेरी समझ में जो आया वो यह है कि, हर आदमी के जीवन में (वो संवेदनशील आदमी के जीवन में या कहानी का जो नायक है उसके जीवन में) अब बहुत नयी-नयी चीज़ें हर कदम पर आ करके जुट जाती हैं। जीवन पहले से कहीं अधिक अपूर्व निर्धारित और समावेशी हो गया है, तो अगर आप एक चीज़ शुरू करते हैं तो पता नहीं कितनी चीज़ें उसमें आकर जुट जाती हैं। जैसे आप देखेंगे कि मुक्तिबोध की कविताओं में वह कहते हैं कि "मैं एक पैर रखता हूँ... सौ राहें खुलती हैं...मैं उन सब पर चलना चाहता हूँ तो कहने के लिए तो विधाएँ अलग-अलग हैं, कहानी अलग है, कविता अलग है लेकिन समय और नागरिक तो एक है; इतिहास तो एक है; और इतिहास को झेलने वाला भी एक है। तो मूलत: जो संवेदना कहानी की है वही कविता की भी होनी चाहिए। लेकिन कविता में प्रबन्धात्मकता ज़्यादा दिखाई पड़ेगी और कहानी भी प्रबन्धात्मक विधा है, घटनाएँ उसमें जुड़ने लगती हैं। एक तो यह है कि इसमें जब एक बात शुरू की जाती है तो निगाह में ऐसी बातें आती हैं और तरह-तरह से कहानी से जुड़ जाती हैं। अब इसमें आ गया कि भूमण्डलीकरण और आधुनिकता। हमारे यहाँ भूमण्डलीकरण का एक ख़ास अर्थ में प्रचलन है। भूमण्डलीकरण का वही अर्थ नहीं है जो अर्थ आजकल दिया जाता है। मार्क्सवादी राजनीति की तरह से भूमण्डलीकरण है। 'वर्कर्स ऑफ ऑल दी कंट्री यूनाइट।' 'सर्वहारा एक हों।' उस रूप में अर्थ नहीं लिया जाता। अब पूँजीवाद के विविध रूप हैं, जिसमें राष्ट्र और राज्य की सीमाएँ तिरोहित हो गई हैं। उस सब अर्थ में भूमण्डलीकरण और

ग्लोबलाइज़ेशन का अर्थ लिया जाता है। जो पहले मैंने बात कही थी उसी का विस्तार कि हम यहाँ बैठे हैं और हम यह सोंचे कि इस समय न्यूयार्क में क्या हो रहा होगा और हम सोचते हैं कि हमारी बात का इस बात से कोई-न-कोई संबंध है। जिस समय मोहन अपने घर में बैठकर, जमींदार के विरुद्ध षड्यंत्र बना रहा था ठीक उसी समय चीन के एक प्रांत में एक घटना हो रही थी।...तो बातों को जोड़ देने से और घटनाओं को विस्तार अधिक दे देने से, समावेशी बना देने से, क्या कहानी में समावेश जो है वो भावबोध में आ जाएगा? रचनाएँ घटनाओं का दस्तावेज नहीं होतीं। नया जीवन आ रहा है। नये-नये लोग लिख रहे हैं, नये-नये पात्र आ रहे हैं। क्या उससे आप कहेंगे कि कहानी के भावबोध का भी विस्तार हो रहा है? जानकारी का विस्तार हो रहा है या भावबोध का...उसका निर्णय हम कैसे करेंगे? भीष्म साहनी की कहानी 'चीफ की दावत' या प्रेमचंद की कहानी 'बड़े भाई साहब' या शेखर जोशी की कहानी 'दाज्यू' या अमरकांत की कहानी है 'हत्यारे' क्या कारण है कि पाठक वर्ग कहानियों के रूप में जितना इन कहानियों को अपनापन दे पाये हैं उतना उन कहानियों को नहीं, हालाँकि यह तो बड़ी व्यापक बातें करती हैं। हर जगह व्यापकता गहराई हुई होती है। व्यापकता एक घटना के बाद दूसरी घटना है और सारी घटनाओं को मिलाकर जो रचना का आकार मिला है, वह कितना आत्मीय है? उससे कितना प्रभावित होता है पाठक वर्ग, रचना की मुख्य बात तो यह होती है। लम्बाई दीर्घता जो है, वो रचना का प्रतिमान या निर्णायक नहीं हो सकती है। ऐसा कब होता है मैं आपको बताता हूँ। एक कहावत है, द्विवेदी जी ने कहा है कि 'सरल रेखा खींचना सबसे मुश्किल काम होता है।' इस जटिलता में विविधताओं में कथा तलाश लेना बड़ी बात है। उतना ही शब्दों व घटनाओं का इस्तेमाल करें जितना वहाँ अनिवार्य होता है। यदि आपके

बोलने या लिखने किसी में भी एक दो शब्द ऐसे आ गए जिनकी ज़रूरत नहीं है तो वहाँ रचना का सौंदर्य बिगड़ जाएगा। जैसे पुरानी कहानी 'बड़े भाई साहब' पर आप विचार करें तो उसमें कोई ऐसी विशेष घटना नहीं है, लेकिन क्लैसिक है। और यह भी है कि यह कहानी भारतवर्ष में, उसी क्षेत्र में, उसी देशकाल में, उसी ऐतिहासिक दौर में लिखी जा सकती थी। यह कहानी इंग्लैण्ड में लिखी ही नहीं जा सकती थी। लेकिन ऐसी कहानी हिंदी में दूसरी कोई भी नहीं है। 'दाज्यू' कहानी क्या है? बस इतना कि बाद में दाज्यू कहना छोड़ देता है। तो पूरी रचना में संवेदना तराश के साथ आती है लेकिन तुम जानते हो कि रचना के लिए कोई नियम नहीं बनाए जा सकते हैं। आलोचना लाख कोशिश करे, विचार-विमर्श लाख कोशिश करे वो किसी रचना का पर्याय नहीं हो सकता और न ही कोई निर्णय कर सकता जैसे 'मित्रो मरजानी' लम्बी कहानी है लेकिन मुझे उसमें भी कहीं भी फाँक नज़र नहीं आती। 'तीसरी कसम' है कितनी लम्बी, लेकिन उसमें फैलाव नज़र नहीं आता है। अब आप यह कहें कि यह सब्जेक्टिव है तो पाठक तो सब्जेक्टिव ही होगा। अब अगर मैं लिखूँ कि मुझे बिखराव समाहित क्यों दिखलाई पड़ता है तो वह तो आलोचना हो जाएगी तो मेरा कहना यह है कि अंततोगत्वा लम्बी कहानी भी अच्छी लिखी जा सकती है और छोटी कहानी भी अच्छी लिखी जा सकती है। लेकिन ये मुझे ज़रूर लगता है कि कहानी को 'छोटे मुँह बड़ी बात' कहने वाली विधा बने रहना चाहिए। अब इसके संकेतार्थ हैं और यह जो 'छोटे मुँह बड़ी बात' है यह कहानी पर ही लागू होती है। ज़्यादातर जो लम्बी कहानियाँ लिखी जा रहीं हैं और जो उत्तर आधुनिकता है वहाँ आप निर्णय और निष्कर्ष नहीं निकाल सकते। अनिर्णय ही उत्तर आधुनिकता का एक तरह से भूगोल है। कोई एक ही बात अपने आप में अंतिम नहीं है अनेक बातें हैं जैसे पाठक...हर आदमी

का अपना एक पात्र हो सकता है। इस सबका असर भी कहानी पर पड़ता है। ऐसा मुझे कभी-कभी लगता है कि जो अच्छी कहानियाँ और छोटी कहानियाँ होती हैं, उनमें किसी में भी कोई अंतिम निर्णय नहीं होता। एक जो जीवन-खण्ड है वह खण्ड आगे के लिए बहुत कुछ रास्ता दिखाता है।

पल्लव–अरुण प्रकाश के बारे में स्वयं प्रकाश ने एक बहुत मज़ेदार बात कही कि हिंदी में केवल अरुण प्रकाश हैं जिन्हें लम्बी कहानियाँ लिखने आती है। और उदाहरण भी आपके सामने है जैसे 'जल-प्रांतर' 'भैया एक्सप्रेस' और कई। बल्कि एक और कहानी की याद दिलाऊँ मैं कि, अरुण प्रकाश की लम्बी कहानियों का एक संचयन आया जिसका नाम था 'लाखों के बोल सहे।' उसकी भूमिका में उन्होंने लम्बी कहानियों को लेकर काफ़ी क़ायदे की बात कही थी। मेरा सवाल यह है कि जो अभी समकालीन दौर में लम्बी कहानियाँ लिखने वाले हैं उनमें से आप किनकी कहानियों को क़ायदे से लम्बी कहानी के तौर पर याद कर पाते हैं?

त्रिपाठी जी–मैं लम्बी कहानियों को छोड़ रहा हूँ। वो लोग बड़े कहानीकार हैं। जैसे राकेश जी, निर्मल वर्मा, राजेन्द्र यादव बड़े कहानीकार हैं। मुझे जो कहानीकार इस दौर में बहुत पसंद हैं वो ज्ञानरंजन और स्वयं प्रकाश हैं। लेकिन ये लोग मुझे लम्बी कहानियों के लिए पसंद नहीं हैं। ये सिर्फ़ कहानीकार हैं। जैसे मैं कहीं जाऊँ और कोई यह कहे कि त्रिपाठी जी बोल रहे हैं और कोई यह कहे कि वो छोटा आदमी बोल रहा है तो इसका कोई मतलब नहीं बनता। ये दोनों कहानीकार बड़े कहानीकार हैं। स्वयं प्रकाश की एक लम्बी कहानी है 'बलि' मैंने उसके बारे में लिखा कि ये जीवनी ज़्यादा और कहानी कम है। स्वयं प्रकाश मेरे चहेते कहानीकार हैं। ज्ञानरंजन के बाद ज्ञानरंजन जैसा कोई कहानीकार नहीं है। हालाँकि ज्ञानरंजन ने बहुत कम कहानियाँ लिखी हैं। दो कहानियाँ मेरे दिमाग में

आ रही हैं। एक तो अरुण प्रकाश की 'जल-प्रांतर' कहानी तो जल पर है लेकिन जो उसमें मर्म है (वो जो पंडित है जिस हालत में उसकी मृत्यु होती है) कि वो पंडिताइन और पंडित पुराने जमाने के आदमी, और पुराने संयुक्त परिवार में ऐसा होता था कि पति-पत्नी तो साथ देखे नहीं जाते थे। पति-पत्नी तो शायद एक-दूसरे से बात भी नहीं करते थे। जैसे तुम्हारी माँ तुम्हारे पिता जी का नाम लेंगी तो 'पल्लव के पिता जी' कहकर बुलाएँगी वो बस यह दिखाते हैं कि हमारा कोई संबंध नहीं है। जो जितना ही गहरा होता है उतना ही छिपाया जाता है। लेकिन जैसे ही उस बुढ़िया को पता चलता है वो परेशान हो जाती है कि पाहुन का क्या होगा? तो पूरी कहानी जल-प्रांतर के अलावा जहाँ बल देती है वो ये है कि उसमें पुराने पारिवारिक संबंध की व्यंजना होती है। उस मध्यकालीन पारिवारिक व्यंजना का रूप क्या होता था यह बताया गया है। सबसे ज़्यादा मार्मिक तब होता है जब वह पाहुन (पति) की चिंता करती है। दूसरा उदय प्रकाश की जो कहानी है 'और अंत में प्रार्थना' मैंने पूरी कोशिश की कि मैं उदय प्रकाश को पसंद न करूँ। लेकिन वो एक बड़े कहानीकार हैं और उनकी यह कहानी मुझे बहुत अच्छी लगती है। अभी मैंने एक कहानी पढ़ी है मनोज रूपड़ा की 'टावर ऑफ सायलेंस।' एक कहानी रमाकांत की भी है 'कार्लो हब्शी का संदूक' वो बहुत बढ़िया कहानी है।

पल्लव–'मोहनदास' कहानी कैसी है?

त्रिपाठी जी– नहीं। वो अच्छी नहीं है। इसलिए नहीं कि उसमें विश्वनाथ प्रसाद खलनायक है।

आदर्श–सर। जैसे उदय प्रकाश की कहानियों पर बात चल रही है तो एक प्रश्न यह है कि उदय को लेकर यह कहा जाता है कि वो संरचना के साथ-साथ प्रयोग करने लगते हैं। कहानी लिखते हुए बीच-बीच में बताते

हैं कि विश्व में उस समय क्या घटनाएँ चल रही थीं। सर इसकी बहुत सी आलोचनाएँ हुई हैं। आपका क्या विचार है?

त्रिपाठी जी–उदय प्रकाश बड़े कलाकार हैं। असल में यह जो शिल्प का रूप है वो रचना को समृद्ध भी करता है और नहीं भी करता है। मुझे उदय प्रकाश की कहानियों की सबसे बड़ी शक्ति यह लगती है और यह भी एक नया शिल्प है कि मेरे ख़याल से कहानी में इतनी अच्छी कविता और किसी की कहानी में नहीं है। कहानियों के बीच-बीच में बहुत अच्छी-अच्छी कविताएँ हैं। उदय प्रकाश का अपने बारे में यह कहना बिलकुल ठीक है कि मूलतः वो कवि हैं। मैंने अभी जो लेख लिखा है उसमें उनकी कहानियों की चर्चा की है। एक कहानी है उनकी 'छतरियाँ' उसमें लड़की की पसीने से बाँह भीग जाती है। जैसे...छूने से टूट जाएगी, उसको हम सहेजे रहते हैं। इस तरह की सुंदर कविताएँ मिलती हैं। कहानी में, उनकी एक छोटी कहानी मुझे सबसे अच्छी लगती है 'नेलकटर' (दादी बीमार है, रूप बिगड़ गया है, नाखून बड़े हो गए हैं, उठ नहीं पाती है और लड़का उनका नाखून काट देता है।) यह कहानी मुझे बहुत अच्छी लगती है। मैंने लिखा है कि मेरी अगर चलती तो मैं यह कहता कि ऐसी कहानी लिखो।

रोहित–सर, मेरा प्रश्न कहानी से अलग है। सर, आपकी एक किताब है, लोकवादी तुलसी। तो अभी तुलसीदास को पढ़ना है इसलिए वह किताब मैं पढ़ रहा था और किताब पढ़ते हुए लगा कि आलोचना भी ऐसी सरस हो सकती है। सर, आज ऐसी आलेचना का अभाव क्यों है?

त्रिपाठी जी–ये तो उनसे पूछो जो मेरे जैसा नहीं लिख रहे हैं।

रोहित–लगता ही नहीं है कि सर आलोचना पढ़ रहे हैं।

पल्लव–यही तो उसकी शक्ति है।

त्रिपाठी जी– यही उसकी कमज़ोरी भी है।

पल्लव–नहीं सर कमज़ोरी नहीं कहेंगे क्योंकि नामवर जी की 'छायावाद' किताब को छायावाद की सबसे अच्छी किताब बताते हैं तो उसका बड़ा तर्क यह है कि इतनी अच्छी भाषा में लिखी गई है।

त्रिपाठी जी–'लोकवादी तुलसीदास' में मैंने लिखा कि मैंने अपने पिता जी के पढ़ने के लिए लिखी थी।

रोहित–बहुत सारी आलोचना की किताबों से जूझना पड़ता है।

त्रिपाठी जी–मैं भी तुलसीदास को पढ़ रहा था। गाँव-गाँव में तुलसीदास पढ़े जाते हैं। नामवर जी ने बताया कि तुलसीदास की भाषा ऐसी है और उसे पढ़ने में बहुत अच्छा लगा। एक दिन डॉ. रामविलास शर्मा मॉडल टाउन आए थे तो मेरा मन उनके साथ बात करने को करता था और उनके साथ बात करने में डर भी लगता था। मैंने कहा कि आपसे कुछ बात करनी है तो उन्होंने कहा कि मेरे घर चलो रातभर खूब बात करेंगे। बात-बात में मैंने कहा कि तुलसीदास जो हैं वो दरिद्र ब्राह्मण के नेचर के होंगे। तो उन्होंने कहा कि कैसे? मैंने कहा कि मेरे बाबा के पिता थे त्रिवेणी तिवारी, वो कहते थे कि 'मैं ऐसी बातें बोल दूँ कि हरा पेड़ झड़ जाएगा।' उन्होंने कहा कि तुम तुलसीदास पर लिखो तुम लिख लोगे। मैंने किताब लिखकर पंडित जी को दिखाई। वो किताब बहुत लोकप्रिय किताब है।

अनुपम–सर, हमारे पास कहानी की एक विधा है तो ऐसी क्या परिस्थिति आई कि लम्बी कहानी लिखी जाने लगी?

त्रिपाठी जी–मैं समझ गया। तुम यह पूछना चाहते हो कि लम्बी कहानियों की विधा क्यों चल पड़ी? देखो, उसका कोई कारण नहीं है। कहानी तो पहले भी लम्बी लिखी जाती थी। यह कोई नया परिवर्तन नहीं हुआ है। सच्ची बात यह है कि संपादक बैठकर निर्णय और योजनाएँ बनाते

हैं। अब निर्णय लेना उतना आसान नहीं रहा है। जीवन में जो जटिलता आईं उसमें कई स्थितियाँ जुटीं जिसके आधार पर कहानी, लम्बी कहानी हो गई। एक कारण तो यह हो सकता है।

शिवानी–सर, अभी आपकी पुस्तक आई है 'व्योमकेश दरवेश' जो आपने अपने गुरु जी पर लिखी है। क्या कोई ऐसा है जिस पर आप कुछ लिखना चाहते हैं।

त्रिपाठी जी–क्यों नहीं है! मैं अपने शिष्यों के बारे में लिख रहा हूँ। वो इसी महीने में प्रकाशित हो जाएगी।

शिवानी–सर पुस्तक लिखने में आपके सहायक कौन थे?

त्रिपाठी जी–मेरे मित्र थे, कई लोग थे। मैंने भूमिका में लिखा है।

शिवानी–आपने स्वयं प्रकाश जी की जो कहानी थी 'बलि' उसे जीवनी का नाम दिया। क्या लम्बी कहानी जीवनी बन सकती है?

त्रिपाठी जी–क्यों नहीं बन सकती है बेटा? मैंने इसलिए उसे जीवनी कहा क्योंकि एक जो लड़की है उसमें, उसी की पूरी कहानी है। ऐसा नहीं है कि कहानी कोई बहुत अच्छी विधा है और जीवनी कोई बेकार। बस वो एक कल्पित जीवन की कथा है इसलिए कहानी बन गई।

आदर्श–सर, जैसे विधा की बात की जा रही है तो विधा क्या लेखक स्वयं तय करते हैं। जैसे काशीनाथ सिंह का उपन्यास 'महुआचरित' है और उदय प्रकाश की लम्बी कहानी 'मोहनदास' तो क्या इसे लेखक तय करते हैं कि मेरी यह रचना उपन्यास कहलायेगी और यह लम्बी कहानी या कहानी है?

त्रिपाठी जी–कोई नहीं तय करता बेटा और सब तय करते हैं। यह कह पाना बहुत मुश्किल है। यदि वो उसको उपन्यास के रूप में पढ़ते हों तो वो

उपन्यास है और यदि लम्बी कहानी के रूप में पढ़ते हों तो लम्बी कहानी है। लिखता लेखक ही है, तो लेखक के दिमाग में सारी चीज़ें चलती हैं। ऐसा भी हो सकता है कि जो कुछ भी आप कहना चाहें, हो सकता है उसके लिए कोई विधा ही न बनी हो अब तक। जैसे मोहनदास तो उपन्यास अधिक लगता है, कहानी की अपेक्षा। उसमें सबसे बड़ा कारण यह है कि बिखराव होता है। यह बिखराव कथानक का बिखराव होता है। बिखराव तो 'तीसरी कसम' में भी है लेकिन उसमें चक्कर यह है कि हिरामन और हीराबाई जैसे मजबूत पात्र हैं और उसके सामने कई कैरेक्टर अपने आप ही जुड़ जाते हैं। तो वह कहानी, उपन्यास नहीं बन पाती। 'मोहनदास' में उतने स्ट्रांग कैरेक्टर नहीं हैं। उदय प्रकाश की ख़ास बात यह है कि वो अपने पात्रों को बहुत यातना देते हैं। वह उसे पीस-पीसकर दुखी कर देते हैं।

पल्लव–कभी याद आती है आपको, मटियानी जी की?

त्रिपाठी जी–हाँ, क्या बात है।

पल्लव–उनको तो लोग जैसे भूल ही गए हैं।

त्रिपाठी जी–वो आदमी बहुत अच्छे थे। वो लेखक से बड़े आदमी थे।

अनुपम–सर, एक प्रश्न है मेरा। मैं भी कहानियाँ लिखने की शुरुआत कर चुका हूँ। कहानी लिखी भी है। सर, जैसे प्रेमचंद को ले लें या किसी भी प्रसिद्ध लेखक को ले लें। उनके पात्र जिस तरह से अपनी एक छवि बना लेते हैं; जैसे कफ़न, उस तरह की समस्याएँ आज भी देखने को मिली हैं तो ऐसा नहीं हो रहा है कि लेखक चीज़ों को वापस ला रहा है?

त्रिपाठी जी–हाँ, मैं समझ गया। तुम्हारे कहने का मतलब है कि कहानियों में वैसे पात्र फिर से आ रहे हैं। लेकिन तुम जब उन्हें लिखोगे तो सिचुएशन बदल गई है। उसी गरीबी में मौका पाकर मजे भी लेना है जैसे घीसू-माधव लेते हैं। लेकिन तुम यह देखो कि तुम एक-दो घटना याद करो।

क्या ऐसा करना हो पाएगा। उतने हिम्मत से लिखना। तुमको यह पता है कि जो घीसू-माधव, बाप-बेटा हैं और जिस तरीक़े से आलू के लिए झूठ बोलते हैं और प्रेमचंद यह कहते हैं कि दूसरा चला जाएगा तो यह आलू खा लेगा। इतना यथार्थ कहानी मे; हिम्मत नहीं होती है। दूसरी बात यह देखो कि पैसा जो दोनों ने इकट्ठा किया है और रास्ते में मदिरालय पड़ता है तो तुमने वो सीन देखा कि कैसे वो दोनों एक-दूसरे को देखते हैं और एकदम से मदिरालय में घुस जाते हैं। यह काम मुश्किल है। और इसकी विशेषता यह है कि यह बहुत सहज दिखता है। ये जो हिम्मत है वो घटना को स्टेट बना देती है। सीधा रास्ता खोजना कोलम्बस का काम है। खोजी का काम है वो सभी नदी खोज सकते हैं।

लेख

भीतरी संसार का दृश्यांकन और लम्बी कहानियाँ

पल्लव

कहानी को विशेषज्ञों ने जीवन की फाँक कहा है। यह फाँक चाहे संतरे की हो या खरबूज़े की, है तो फाँक ही। फिर कहानी संपूर्ण जीवन का उद्घाटन-विवेचन-दर्शन नहीं दे सकती कोई एक सत्य ही इसका आधार होता है। ऐसे में 'लम्बी कहानी' रूपी पदबन्ध यह चुनौती देता है कि उसे किस तरह विश्लेषित किया जाए। क्या वह कहानी और उपन्यास के बीच की कोई चीज़ है? हाँ, तो फिर लघुकथा क्या है? क्या वह वाक़ई अपने समय के रचनात्मक दबावों से उपजी है? नयी कहानी और उससे भी पहले हिंदी में लम्बी कहानियाँ लिखी जाती रही हैं और पाठक ऐसी कहानियों को पर्याप्त पसंद भी करते रहे हैं। राजेन्द्र यादव के सम्पादन में आए नयी कहानी के श्रेष्ठतम संकलन 'एक दुनिया समानान्तर' में भी कुछ लम्बी कहानियाँ हैं। इधर कहानी में आए जनवादी उभार (1980 के आसपास) से जिन कहानीकारों की रचनाशीलता ने वाक़ई ध्यान खींचा उनमें असगर वजाहत, स्वयं प्रकाश, संजीव, उदय प्रकाश और अरुण प्रकाश अग्रगण्य हैं। इनमें से उदय प्रकाश और अरुण प्रकाश तो मुख्यतः लम्बी कहानियों के लिए ही जाने जाते हैं। उदय प्रकाश और अरुण प्रकाश ने क़ायदे से लम्बी कहानी को एक अलग पहचान दी और एक नयी विधा सरीखा मान दिलवाया। 'बलि' (स्वयं प्रकाश की लम्बी कहानी) पर अरुण प्रकाश ने गंभीरता से विचार किया है और अपनी लम्बी कहानियों के संग्रह 'लाखों के बोल सहे'

की भूमिका के रूप में लिखा है। यह आलेख न केवल 'बलि' की सम्यक विवेचना करता है अपितु लम्बी कहानी के रूप पर भी विचार करता है। अरुण प्रकाश ने लिखा है–'यह कल्पना करना कठिन है कि इस जटिल कथ्य को एक औसत छोटी कहानी में समेटा जा सकता था। औद्योगिक मुद्रा–समाज की आदिवासी समाज से अन्तर्क्रिया और उससे अपने व्यक्तिगत आलोड़न-अंतरण को, जीवन में आ रहे परिवर्तन के आंतरिक नियमों के संधान छोटे फलक में करना संभव नहीं था। ऐसे संधान के लिए समग्रता, जटिलता एवं गहराई को अनिवार्य होना ही था। प्रख्यात गीतकार रमेश रंजक इस संधान को 'अतल की लय' ढूँढ़ना कहते थे–

बोल देता हूँ
स्वरों की संचेतना में
अतल की लय मिलाकर
खोल देता हूँ।

तो इस तरह इतनी परतें हैं, इतने तल है कि लगता है कि अंतिम तल कोई नहीं है–अतल की तरह है। लम्बी कहानी में यथार्थ अतल है। वस्तुतः लम्बी कहानी अतल के लय की ही खोज है। यह बात समझ आने वाली है कि यथार्थ की परतें बहुस्तरीय हैं और उनका सम्मान करने में कथाकार या कवि को अपनी रचना यात्रा लम्बी करनी पड़े तो इसमें कोई हर्ज़ नहीं। शर्त वही पुरानी है। वर्ष 2002 में कहानी के सौ वर्ष होने पर नामवर सिंह ने एक व्याख्यान में यह कहा था 'कहानियों को जाँचते समय देखें कि दरअसल कहानी का जो मूल बीज है, वह यह कि उसमें इस आदमी के दुख-दर्द की पहचान कितनी है। जब दर्द की पहचान होगी तभी हम उसके गुस्से को और उसके विरोध को भी पहचान सकते हैं। दोनों जुड़े हुए हैं।' अर्थात् यथार्थ की सही पहचान हो और कथाकार उसे पूरी रचनात्मक ईमानदारी से पाठक के समक्ष बयान करता हो।

लम्बी कहानियों का चलन, जैसा कि कहा गया है, नया नहीं है। नयी कहानी आन्दोलन में अनेक लम्बी कहानियाँ मिलती हैं। राजेन्द्र यादव, मन्नू भण्डारी, भीष्म साहनी, मोहन राकेश, फणीश्वरनाथ रेणु, रांगेय राघव, कमलेश्वर सभी ने लम्बी कहानियाँ लिखी। रेणु की कहानी 'तीसरी कसम अर्थात मारे गए गुलफाम' को तो क्लैसिक का दर्जा हासिल है और इस कहानी पर न केवल सभी बड़े आलोचकों ने विचार किया अपितु भगवत रावत ने इसी कहानी के नायक पर स्वयं एक लम्बी कविता 'सुनो हिरामन!' भी लिखी। 'तीसरी कसम अर्थात मारे गए गुलफाम' वस्तुतः मनुष्य के सहज सामाजिक सम्बन्धों में उपभोक्तावादी हमले की कहानी है। हीराबाई का नौटंकी कम्पनी बदल लेना और हिरामन का कसम खाना कथा युक्ति भले हों लेकिन इनके गहरे निहितार्थ है। हिरामन किसी मासूम भोलेपन के वशीभूत ही नहीं कह रहा–'इस्स! हरदम रुपैया-पैसा! रखिए रुपैया।' और उसका सपना भी याद करें–'ऐसे कितने सपने देखे हैं उसने। वह अपनी दुलहिन को लेकर लौट रहा है। हर गाँव के बच्चे तालियाँ बजा कर गा रहे हैं। हर आँगन से औरतें झाँक रही हैं। मर्द लोग पूछते हैं, 'कहाँ की गाड़ी है, कहाँ जाएगी?' उसकी दुलहिन डोली का पर्दा सरकाकर देखती है। और भी कितने-कितने सपने...।' कहानी सपने देखने की रचनात्मक जिद ही होती है। यह समाज की हिंसा और अन्याय के विरुद्ध एक प्रकार का अहिंसक प्रतिरोध है। यहाँ प्रतिरोध फणीश्वरनाथ रेणु जैसे कथा सिद्ध के हाथों हुआ है इसलिए इतना आत्मीय और सहज बन पाया है।

'वाङ्चू' भीष्म साहनी की प्रतिनिधि कहानी है। उनके व्यक्तित्व की भाँति सादा और बेबुनावट। अभिधा का भी जादू होता है और वह दिलों को छूने की हैसियत भी रखता है। कहानी में मुख्य घटना है भारत-चीन के युद्ध से तनाव भरे दिन और उन मुश्किल दिनों में चीनी बौद्ध भिक्षु वाङ्चू

का चीन से वापस भारत आ जाना। भारत का पुलिस अधिकारी गुस्से में पूछता है–"आप अपने देश से भाग क्यों आए?" भीष्म जी लिखते हैं–'वाङ्चू क्या जवाब दे? क्या कहे?' जो कह पाया वह, सुनें–'मैं कुछ ही समय के लिए ही वहाँ गया था, अब लौट आया हूँ।' ध्यान देने की बात है कि लौटने की क्रिया घर के लिए ही प्रयोग की जाती है। एक चीनी भिक्षु जो भारत को महात्मा बुद्ध की धरती मानकर इसके दर्शन से ही स्वयं को कृतकृत्य समझता है, उस निरीह, मासूम और पवित्र मनुष्य को दोनों देश (चीन और भारत) सदैव संदेह से देखते हैं। भला बावनदास (मैला आँचल) को भी कौन देश रख पाया था? और अंग्रेजों ने हम पर व्यंग्य किया ही था कि हमने गुलाम भारत में गाँधी जी को जिंदा रहने दिया और तुम एक साल भी आज़ाद-स्वाधीन भारत में उन्हें नहीं रख पाए। भीष्मजी की जिस कला को सादा और साधारण समझ लिया जाता है उसके गहरे आशय रचना के अर्थ और पत्रों को कितनी दूर ले जाने में समर्थ हैं इसका प्रमाण यह कहानी है। जैसे-जैसे दुनिया में विस्थापन और हिंसा से तनाव बढ़ता जाएगा वैसे-वैसे वाङ्चू की याद हमें और अधिक आएगी। सारी नागरिकताओं और संप्रभुताओं के मध्य किसी मनुष्य का अपना कोई अस्तित्व और विवेक भी हो सकता है, यह कहानी उसी दुर्लभ विवेक की कहानी है।

स्त्री जीवन का त्रास साहित्य का प्रमुख विषय रहा है। 'कफ़न' से 'तिरिया चरित्तर' तक इसके अनेक उदाहरण हैं। 'ऐ लड़की', 'धर्मक्षेत्रे कुरुक्षेत्रे', 'बलि' और 'तिरिया चरित्तर' कुछ ऐसी लम्बी कहानियाँ हैं जो अंतर्वस्तु के स्तर पर स्त्री जीवन से जुड़े सवालों को उठाती हैं। कृष्णा सोबती के यहाँ ठेठ पंजाब की धरती की सुगन्ध इस कहानी 'ऐ लड़की' में महसूस की जा सकती है। एक वृद्ध महिला और उसकी युवा पुत्री के संवाद से बनी यह कहानी अपने इन संवादों-बातों में जैसे सारी विगत कह जाती

है। देखें–"सालों साल इस दुनिया में रही हूँ पर अब यही कि इतना जीना था तो दुनिया ही देख डालती! गृहस्थी के ताने बाने में ही लगी रहीं।" फिर एक जगह संवाद आया है, "माँ पैदा करती है, पाल-पोषकर बड़ा करती है। फिर उसी की कुर्बानी! माँ को टुकड़ों में बाटकर परिवार उसे यहाँ-वहाँ फैला देता है। कारण तो यही कि समूची रहकर कहीं उठ खड़ी न हो! माँ को गाय या धाय बनाकर रखते हैं। खटती रहे, सुख देती रहे। उसका काम इतना ही है। वह अपने तईं कुछ भी समझती रहे, पर बच्चों के लिए मात्र घर की व्यवस्था करने वाली।" कहानी फिर पूछती है कि क्या है कोई मुक्ति का मार्ग? स्त्री की मुक्ति? मनुष्य की मुक्ति? कृष्णाजी की यह कहानी संवादों में जैसे नचिकेता की तरह संसार का सत्य प्राप्त कर लेने को व्याकुल है। तब भी यहाँ कथारस में व्यवधान नहीं और कोई औपनिषदिय मुद्रा भी नहीं।

सिद्ध कथाकार दूधनाथ सिंह 'धर्मक्षेत्रे कुरुक्षेत्रे' रचते हुए उत्तर प्रदेश के बीहड़ में ले जाते हैं जहाँ युवा-प्रौढ़-बालिका वधुओं का सौदा करने वाले पात्र हैं। इस सौदेबाजी में मठ और महंत भी किस तरह शामिल हो गए हैं, यह कहानी दिखाती है। लोक जीवन का सौंदर्य और जीवनानुभवों से उपजी खरी भाषा इस कहानी को पाठक के लिए स्मरणीय बनाती है। जरायम कहे जाने वाले व्यापार की यह कथा मनुष्य के पतन की कथा है । विचार योग्य है कि हमारे समय के इस करूर, कठोर और अँधेरे पक्ष पर जिस गहराई से दूधनाथ सिंह लिखते हैं वह अद्वितीय है। मनुष्य के बीहड़ अँधेरे के प्रकट करने के लिए वे कहानी में भी बीहड़ की रचना करते हैं। लेकिन भूलना न होगा कि उनका लक्ष्य अंतत: सामाजिकता ही है। उन्होंने लिखा था, 'एक लेखक का दायित्व है कि वह अपने समय की सामाजिक समस्याओं का चित्रण करे। उन समस्याओं के प्रति प्रतिबद्ध रहे, लेकिन कोई भी लेखक समाज को बदलने का अगर सपना देखता है तो वह पूरा

नहीं हो सकता। क्योंकि समाज एक लेखक की रचनाओं से नहीं बदलता, उसके बदलने के अपने तर्क होते हैं।'

स्वयं प्रकाश अपनी सहज सरल और पक्षधरता से भरी कहानियों के लिए विख्यात रहे हैं। उनकी कहानी 'बलि' में उड़ीसा के एक आदिवासी क्षेत्र का प्रसंग है जहाँ की एक छोटी लड़की तथाकथित सम्भ्रान्तों से बराबरी के स्तर पर मुक़ाबला चाहती है। वह इन सम्भ्रान्तों के तौर तरीक़े और तमाम बातें सीखती है और इस पूरी प्रक्रिया में उसका ऐसा अनुकूलन हो जाता है कि वह अपनी मूल प्रतिज्ञा भूल जाती है। इस सबमें उड़ीसा का आदिवासी जीवन, औद्योगिकीकरण से आ रहे बदलाव और अंततः उस मासूम लड़की का त्रास उद्घाटित होता है। इसके साथ साथ एक सीधे सादे समाज का कायांतरण भी कहानी में साथ-साथ होता है, 'गाँव के लड़के साहब लोगों की नकल करते। सुंदरगढ़ से पतलून सिलवाकर लाते। सिगरेट पीते। साइकिल की जिद करते। नौकरी का ख्वाब देखते। सड़क पर तरह-तरह के बाहर के लोग आने-जाने लगे। दुकाने खुलने लगीं। कोई कद्दू बेच रहा है, कोई चाय-भजिया। एक कद्दू का एक रुपया! माई रे! इन साहब लोगों के पास फेंकने के लिए कितना पैसा है! यह समाज के बाज़ार बनने की प्रक्रिया का आरंभ था। बच्चे भूखे रहते थे। चोरी करने के लिए हालात द्वारा उकसाए जाते थे और हमेशा के लिए गाँव से मुक्त हो जाने का सपना देखते थे। जर्जर और कृशकाय औरतें सभ्य समाज का चालचलन जिन नज़रों से देखती थीं, उनमें क़ुतूहल कम होता था, भय ज़्यादा।' प्रसिद्ध लघु पत्रिका 'अब' में इस कहानी के प्रकाशन के बाद छपे एक पत्र में उदय प्रकाश ने इस कहानी को समाजशास्त्रीय आख्यान कहा था तो डॉ. विश्वनाथ त्रिपाठी इसे कहानी से अधिक जीवनी बताते हैं। सही है कि यथार्थ की बहुस्तरीयता से मुठभेड़ किसी कहानी को खाँचाबद्ध स्थिर रूप

में टिकने न दे। स्वयं प्रकाश कुशल किस्सागो है और वर्णन के उस्ताद। यहाँ लड़की अंततः घर लौट आती है या उसे भेज दिया जाता है तब उसका वह 'अनुकूलन' कैसे प्रतिकूल हो गया है, 'दो दिन पहले उसका मन रो-रोकर पूछ रहा था, क्यों मुझे स्वीकार नहीं करते हो भाई? मैं तुम्हारी ही हूँ। आगे बढ़ जाना ऐसा कोई अपराध तो नहीं, और आज उसे लग रहा था कि जिनसे वह अपने लिए स्वीकार चाह रही थी, उन्होंने ही मिलकर उसे एक कुँए में धक्का दे दिया है और बाहर खड़े-खड़े जय-जय बोल रहे हैं। बस खत्म।' लेकिन कहानी यहाँ खत्म नहीं होती, लड़की अंत तक अपने लिए आशा की कोई किरण खोजती है यह अलग बात है कि वह किरण उसे मिल नहीं पाती। आदिवासी विस्थापन पर कुछ अविस्मरणीय रचनाओं में 'बलि' शामिल की जाएगी।

'तिरिया चरित्तर' राजेन्द्र यादव के सम्पादन में हंस में प्रकाशित हुई थी और इसके प्रकाशन के साथ ही हिंदी में (हंस के मार्फ़त) 'सैक्स और जनवाद' पर बहस चली। यह अलग से सवाल क़ायम ही है कि साहित्य में आ रहे यौन या भदेस के वर्णन का मूल्यांकन किस तरह हो? यहाँ शिवमूर्ति इस कहानी के माध्यम से न केवल स्त्री के दारुण दुःख की अभिव्यक्ति कर रहे हैं अपितु इस दुःख के कारणों की तह में भी जाते हैं। शिवमूर्ति को कथारस की अपूर्व सृष्टि के लिए पाठक अत्यंत मान देते हैं और उन्हें रेणु के समकक्ष ठहराने वाले आलोचकों की भी कमी नहीं। लेकिन डॉ. शंभु गुप्त ने लिखा है 'शिवमूर्ति के साथ गड़बड़ यह है कि वे पहले से तय कर लेते हैं कि उन्हें यथार्थ के किन बिन्दुओं पर जोर देना है और अपनी कहानी को कौन-कौन से मोड़ देते हुए उसे कहाँ ले जाना है। मानो वे कोई लोकप्रिय फिल्मी पटकथा लिखना चाह रहे हों।' आश्चर्य नहीं कि 'तिरिया चरित्तर' पर भी यह आरोप लगा है तब भी इस कहानी

की लम्बी कहानियों में ऐतिहासिक उपस्थिति को स्वीकार न करना सर्वथा पाखण्ड होगा।

उदय प्रकाश पिछली चौथाई सदी से हिंदी के सबसे लोकप्रिय कथाकार माने जाते हैं और 'मोहनदास' हिंदी की अकेली कहानी है जिसे साहित्य अकादमी ने पुरस्कार के योग्य पाया। उदय प्रकाश अपने पात्रों को उनकी ट्रेजडी तक ले जाते हैं और इस घटनाक्रम में व्यवस्था का क्रूर-घृणित चेहरा इस तरह उघाड़ते हैं कि पाठक गुस्से से भर जाए। उदय प्रकाश ने इस क्रम में अपनी एक निजी कथा शैली का आविष्कार किया है जिसमें वे दैनन्दिन सूचनाओं का ऐसा सर्जनापूर्ण प्रयोग करते हैं कि साधारण भी जादुई लगे। 'मोहनदास' इसी शैली की उदय प्रकाशीय कहानी है और हमारी व्यवस्था के विफल होने का शोकगीत, जिसके केन्द्र में एक मासूम मनुष्य का हाहाकार है। इस आख्यान शैली में संकट तब होता है जब कथाकार सूचनाओं का रचना में उपयोग करते हुए स्वयं को भी आरोपित करने लगता है और कभी-कभी निजी जिद, क्रोध और शिकायतों को ब्यौरेवार दे जाता है। दुर्योग से इस कहानी में भी यह हुआ है तब भी इसे उदय प्रकाश की शैली की एक उल्लेखनीय रचना माना ही जाएगा।

तद्भव के महज दूसरे (क़ायदे से पहले) ही अंक में 'दौड़' का प्रकाशन हुआ। इसे कुछ पाठकों आलोचकों ने लघु उपन्यास कहा तो कुछ ने लम्बी कहानी। भूमण्डलीकरण के वैश्विक चेहरे का भारतीय पाठ पहली बार जिस कथा रचना में व्यापकता और गहराई से आया वह 'दौड़' ही है। इससे पहले प्रेमपाल शर्मा की कहानी 'पिज्जा और छेदीलाल' तथा स्वयं प्रकाश की 'गौरी का गुस्सा' आ चुकी थी जिनकी मूल चिंता भूमण्डलीकरण से उपज रहे तनाव हैं। बहरहाल 'दौड़' ममता कालिया की कथा यात्रा का सिरमौर है जिसमें विदेशी कम्पनियों के मुलाज़िम युवा चेहरे और इस

नयी लूटखोरी का भीतरी दृश्य आ रहा था। भूमण्डलीकरण के एक भिन्न और सर्वथा देशी चेहरे को काशीनाथ सिंह की कहानी 'पांड़े कौन कुमति तोहे लागी' में देखा जा सकता है जहाँ विदेशी पूँजी का लोभ हमारे घर के भीतरी हिस्सों पर कड़ी मार कर रहा है। बनारस का मोहल्ला और अस्सी की गालियाँ इस कहानी को हमारे समय का असली यथार्थ बनाती हैं। विडंबना यहाँ मखौल की तरह आई है जिसमें शिवालय को तोड़कर शौचालय बनाने का प्रस्ताव पांडे जी को बेचैन बनाए हुए है। विदेशी पूँजी हो, देशी कट्टरता–सबसे पहला हमला संस्कृति पर ही कैसे होता है यह काशीनाथ सिंह बख़ूबी बताते हैं। वे यह भी बताते हैं कि धर्म की सारी ताक़त किस तरह धन के लोभ में स्वाहा हो जाती है। असल में बनारस जैसे प्राचीन सांस्कृतिक शहर का रूपक इस विडंबना को और अधिक मार्मिक बनाता है जहाँ संस्कृत में आराधना कर रहे व्यक्ति के समानांतर कोंहड़े जैसे मामूली पदार्थ पर ललचायी नज़र का द्वैत है। कहना न होगा कि काशीनाथ सिंह के कथा लेखन की दूसरी पारी का उद्घोष यही कहानी करती है।

अरुण प्रकाश की कहानी 'जल प्रांतर' में बिहार की जानलेवा बाढ़ का दृश्य अवश्य है लेकिन इस कहानी के गहरे निहितार्थ स्त्री पुरुष संबंधों में हैं। स्वीकार किया जाना चाहिए कि हिंदी में लम्बी कहानी के सबसे कुशल प्रयोक्ता अरुण प्रकाश ही हैं और उनका यह कौशल 'जल प्रांतर' में सिर चढ़कर बोलता है। वे यहाँ प्रकृति की विभीषिका और उसके समक्ष निरुपाय मनुष्य को दिखाते हैं लेकिन यह बताना नहीं भूलते कि मनुष्य की इस निरुपायता और बेबसी का कारण क्या है। अखिलेश की लम्बी कहानी 'जलडमरूमध्य' की चर्चा हुई है और मध्य वर्ग के कांइया स्वभाव को जिस तरह अखिलेश उद्‌घाटित करते हैं वह अनूठा ही है। सृंजय की कहानी 'कामरेड का कोट' और योगेन्द्र आहूजा की 'एक पुरानी कहानी'

इस चर्चा में उल्लेखनीय हैं। योगेन्द्र आहूजा जहाँ यथार्थ और कल्पना के मिश्रण से एक सर्वधा नवीन ढंग की रचना का निर्माण करने का हुनर जानते हैं वहीं सृंजय विडम्बना को कुछ आग्रहों दुराग्रहों के साथ प्रस्तुत करने के लिए जाने गए। इधर नयी आ गई युवा पीढ़ी तो लम्बी कहानियों का हुनर नये नये ढंग से विकसित कर रही है। कहना न होगा कि लम्बी कहानी का फैलाव अब असंगत नहीं बल्कि भीतरी संसार का व्यापक दृश्यांकन कर रहा है। कहानी अपना काम करती रहे और फैलाव सहायक हो तो भला किसे शिकायत होगी?

वाङ्चू–आज भी

रमाकांत श्रीवास्तव

"भीष्म साहनी की प्रमुख विशेषता आधुनिक जीवन के सामान्य से लगने वाले प्रसंगों को यथार्थ की सजीव रेखा से प्रस्तुत करना है। वे जीवन के विलक्षण और असाधारण प्रसंगों को नहीं चुनते और ना ही कोई अनूठी बात कहकर अपने पाठकों को चौंकाने का प्रयत्न करते हैं; कि देखो, युग जीवन के कितने बड़े यथार्थ को मैंने अपनी कहानी में रूपायित कर दिया है। उनकी कहानी की विशेषता यथार्थ की मजबूत पकड़ तथा उनकी अत्यंत सादी अभिव्यक्ति है परंतु उनके द्वारा चित्रित यथार्थ इतना मार्मिक अवश्य होता है कि पाठक को भी संवेदना के उसी स्तर पर जाकर स्पर्श करता है।"

–डॉ. शिव कुमार मिश्र

भीष्म साहनी का कथा-लेखन समझ की नब्ज़ को टटोलने और गुज़रते समय में स्थित आदमी की हैसियत और समाज के साथ उसके बदलते-बिगड़ते संबंधों को रेखांकित करने की गंभीर चेष्टा है। सामाजिक-यथार्थ का चित्रण उनके रचनाकर्म का लक्ष्य है और सहजता उनका शिल्प। यह संवेदना ही उन्हें प्रेमचंद की परंपरा से जोड़ती है। नयी कहानी के दौर में भी सभी मूल्य-चेतना साहित्य की प्रगतिशील विचारधारा की महत्त्वपूर्ण कड़ी के रूप में उन्हें काम्य रचनाकार बनाती है। नयी कहानी के दौर

में जब अंतर्मन में धुंधुवाता हुआ आदमी, वह भी मुख्यत: मध्यवर्गीय शहरी आदमी, रचना के केंद्र मे था तब भीष्म साहनी ने उसके जीवन के अन्य आयामों को भी रेखांकित किया। अपने समय के मुहावरे को उन्होंने आंशिक रूप में भी ग्रहण किया। वे प्रगतिशील जीवन-मूल्यों और अपने पायों के सामाजिक परिवेश के परिप्रेक्ष्य में अपने रचना-विधान को कैसे निर्मित करते हैं। नयी कहानी के दौर में भोगे हुए यथार्थ का उदात्तीकरण भी जोर-शोर से हुआ था जिसके परिणामस्वरूप सामाजिक-यथार्थ चित्रण के स्थान पर व्यक्ति के प्रयोग मनोवेगों के सूक्ष्म विवरणों से मुक्त कई कहानियाँ लिखी गई जिनमें से कुछ अपनी पहचान भी बना सकी। यह अवश्य रेखांकित किया जा सकता है कि अजनबीपन, भीड़ में अकेले होने के एहसास के पीछे महानगरीय जीवन की आपाधापी से उत्पन्न स्थितियाँ थीं। संबंधों की टूटन और परिस्थितियों से परिचालित अनचाहे जीवन को जीने के परिणामस्वरूप आधे-अधूरेपन का बोध नयी कहानी के पात्रों के चरित्र का हिस्सा रहा है। कभी-कभी तो वह भी नहीं है। केवल व्यक्तिगत जीवन का दर्द है और भाषा का संगीत है। 'परिंदे' कहानी को इस प्रवत्ति की प्रतिनिधि रचना माना जा सकता है।

इसी बिंदु से हम भीष्म साहनी की मूल-चेतना और उनकी कहानी 'वाङ्चू' को परखने की चेष्टा करें। भीष्म साहनी की कुछ प्रतिनिधि कहानियों को, जिनमें 'वाङ्चू' भी शामिल है, दृष्टि में रखें तो प्रथम दृष्टया ही ये सामाजिक हलचलों और जीवन के संघर्षों, विरोधाभासों और ऐतिहासिक घटनाओं के भीतर जीने-मरने वाले पात्रों की कहानियाँ हैं। 'अमृतसर आ गया,' 'चीफ की दावत,' 'ओ हरामज़ादे,' 'साग-मीट,' 'लीला नंदलाल की,' 'मालिक का बंदा,' 'मेड इन इटली,' 'खून का रिश्ता' आदि कहानियाँ इसे प्रमाणित करती हैं। ये कहानियाँ लेखक की

जीवन दृष्टि से निर्मित हुई हैं। नयी कहानी के प्रभाव को एक सीमा तक ही उनका रचनाकर्म जज़्ब करता है। मार्कण्डेय, अमरकांत, शेखर जोशी, हरिशंकर परसाई की तरह ही भीष्म साहनी की कहानियाँ भी सामाजिक यथार्थ से प्रतिबद्ध हैं। 'नयी कहानी : सफलता और सार्थकता' में नामवर सिंह ने लिखा है–"नये कहानीकारों में भीष्म साहनी में एक साथ इन दोनों विशेषताओं का सर्वोतम सामंजस्य मिलता है। इस दृष्टि से भीष्म साहनी सबसे सफल कहानीकार हैं। एक इकाई के रूप में उनकी कहानियाँ अत्यंत गठित होती हैं, साथ ही प्राय: किसी-न-किसी की विडंबना (आयरनी) को व्यक्त करती हैं और यह विडंबना किसी-न-किसी रूप में हमारे वर्तमान समाज के व्यापक अंतर्विरोध की ओर संकेत करती हैं।"

भीष्म साहनी की कहानी 'वाङ्चू' एक ऐसे व्यक्ति के जीवन की विडंबना को व्यक्त करने वाली रचना है जो अपने समय के सामाजिक-राजनीतिक प्रवाह से पूरी तरह निर्लिप्त जीवन जीते हुए ख़याली दुनिया में विचरण करता है। भारतीय उपमहाद्वीप में घटने वाली घटनाओं के लम्बे काल-खण्ड के बीच दिवास्वप्न में डूबे रहने वाले एक व्यक्ति की यह कहानी राजनीति की स्थूल और गर्हित सोच को भी रेखांकित करती है। 'वाङ्चू' एक बौद्ध धर्मावलम्बी चीनी नागरिक है जिसे भारत से इसलिए गहरा लगाव है कि भारत गौतम बुद्ध की जन्मस्थली है। बौद्ध धर्म से संबंधित हर वस्तु और स्थान को देखने की तीव्र जिज्ञासा से प्रेरित वह विभिन्न स्थानों की श्रद्धापूर्वक यात्रा भी करता है। नैरेटर जो स्वयं कहानी लेखक है, उसके स्वभाव की परतों को खोलने के पहले ही, कहानी के प्रारंभ में संकेत कर देता है। दूर से अपनी तरफ़ आते हुए 'वाङ्चू' को देखकर लेखक की प्रतिक्रिया इस तरह होती है–"क्षण-भर के लिए मुझे लगा, जैसे वाङ्चू इतिहास के पन्ने पर से उतर कर रहा है। प्राचीन काल

से इसी भाँति देश-विदेश से चीवरधारी भिक्षु पहाड़ों और घाटियों को लाँघकर भारत में आया करते होंगे। अतीत के ऐसे ही रोमांचकारी धुंधलके में मुझे वाङ्‌चू भी चलता हुआ नज़र आया।"

वाङ्‌चू कहानी की घटनाओं का विस्तार भारत की स्वाधीनता पूर्व की हलचलों से लेकर आज़ाद भारत पर चीनी आक्रमण के कुछ बाद तक का है। घटनाओं का क्रम काश्मीर से बनारस, सारनाथ, चीन और कलकत्ता से होते हुए सारनाथ तक है। बौद्ध धर्म के प्रति असीम श्रद्धावान और भावुक वाङ्‌चू अपने प्रोफेसर तानशान के साथ भारत आया जिसकी मुलाकात कहानी के नैरेटर से काश्मीर में हुई। प्रोफेसर तानशान तो चीन वापस चले गए लेकिन वाङ्‌चू प्राचीनता के मनमोहक कल्पित वातावरण में बंधा हुआ भारत में घूमता रहा। वह बौद्ध धर्म से जुड़े स्थानों और संग्रहालयों के चक्कर लगाते हुए भावातिरेक भरी श्रद्धा में डूबता रहा। वह ना तो बौद्ध धर्म का व्यवस्थित अनुसंधानकर्ता बन सका और ना ही इतिहास की समझ से भरा जिज्ञासु। वह अकर्मक श्रद्धा और संवेदना मे डूबा भावुक व्यक्ति है जिसके प्रति ना तो उपेक्षा भाव जाग्रत होता है और ना ही सहानुभूति। अपने आस-पास के लोगों के मन में वह किसी हद तक खीझ ही पैदा करता है। नैरेटर और उसके साथी तथा परिवारजन भी समझ नहीं पाते कि आख़िर उसके मन मे क्या है। भारत में ही बसने का इच्छुक वाङ्‌चू किसी बौद्ध सोसाइटी से अनुदान प्राप्त कर सारनाथ में ही टिक जाता है।

'वाङ्‌चू' के कथानक में दो बिंदु महत्त्वपूर्ण हैं जो इस रचना की आधार भूमिका निर्मित करते हैं। पहला यह कि शांत-शिष्ट और ज्ञान-पिपासु व्यक्ति भी यदि सामाजिक घटनाओं से कटकर दिवास्वप्न में विचरण करता है तो ना तो वह अपने जीवन को संतुलित और सुरक्षित रख पाता है और ना ही वह समाज को अपना कोई सार्थक योगदान दे सकता है। यदि वह ज्ञान

के किसी अनुशासन में रुची रखता है तो वह ऐसा शोधार्थी भी नहीं बन सकता जो अपने ज्ञान के सामाजिक पहलुओं का विश्लेषण करके इतिहास से उसके संबंध की व्याख्या कर सके। कहानी का भावुक नायक बौद्ध धर्म को जीवन दर्शन के रूप में अपने व्यक्तित्व में आत्मसात नहीं कर सका फल स्वरूप वह ना तो अपने देश के सामाजिक-राजनीतिक परिवर्तनों को समझ पाया और ना ही राजनीतिक घटनाओं के उतार-चढ़ाव से प्रभावित भारतीय मानस का कोई आकलन करने में समर्थ हो सका।

'वाङ्चू' एकमत वाले की तरह गौतम बुद्ध से जुड़ी कथाओं से संबंधित स्थानों की मुग्ध भाव से यात्रा करता है किंतु वह उसी दौर में चलने वाले भारत के स्वाधीनता आंदोलन से पूरी तरह निर्लिप्त रहता है। नैरेटर से उसकी भेंट श्रीनगर में तब हुई जब स्वतंत्रता आंदोलन के चलते जनसभा करने के लिए जवाहरलाल नेहरू श्रीनगर आए हुए थे। उनके आगमन पर शहर में भावना और जोश का उबाल था। जुलूस, सभाओं और बहसों के उस दौर में 'वाङ्चू' की कोई रुची लेखक और उसके साथियों को नहीं दिखलाई दी–"इसपर वाङ्चू की तटस्थता कभी हमें अरखरने लगती, तो कभी अचंभे में डाल देती। वह हमारे देश की ही गतिविधि के बारे में नहीं, अपने देश की गतिविधि में भी कोई विशेष दिलचस्पी नहीं लेता था। उसके अपने देश के बारे में पूछो तो मुस्कराता सिर हिलाता रहता था।"

स्वाधीनता के बाद नेहरू युग में भारत और चीन के राजनीतिक संबंधों में गहरे परिवर्तन हुए। पहले हिंदी-चीनी भाई-भाई वाली भावुकता भरी दोस्ती फिर चीन का आक्रमण। इन दोनों ही स्थितियों में वाङ्चू अपनी ख़याली दुनिया में डूबा रहा। लेखक उससे बार-बार आग्रह करता है कि वह अपने अतीतजीवी स्वभाव से बाहर आकर उस ज़िंदगी को समझे जो किसी भी देश के नागरिक के अपने आस-पास के वातावरण के साथ

उसके संबंधों के द्वारा परिभाषित होती है। वह वाङ्चू को समझाता है– "सामाजिक शक्तियों को समझे बिना तुम बौद्ध धर्म को भी कैसे समझ पाओगे? ज्ञान का प्रत्येक क्षेत्र एक-दूसरे से जुड़ा है, जीवन से जुड़ा है। कोई चीज़ जीवन से अलग नहीं है। तुम जीवन से अलग होकर धर्म को भी कैसे समझ सकते हो।" किंतु वाङ्चू–"किसी भावावेश में चुने गए अपने जीवनपथ पर कछुए की चाल मजे से चला जा रहा था।"

अकर्मक श्रद्धा और संवेदना से भरा वाङ्चू पंद्रह वर्ष तक सारनाथ में रहते हुए, शोध के नाम पर बौद्ध धर्म के कुछ ग्रंथों का अध्ययन करता रहा और नोट्स लेता रहा। भारत-चीन मैत्री के दौरान लेखक उसे सलाह देता है कि यदि वह चीन लौट जाए तो हिंदी, अंग्रेजी और बौद्ध धर्म की जानकारी के आधार पर चीन मे उसे भारत-चीन मैत्री की एक कड़ी के रूप में स्वीकार किए जाने की संभावना है। वाङ्चू चीन चला जाता है। वह चीन की 'ऊँची छलांग' वाला उथल-पुथल भरा राजनीतिक समय था। वहाँ ग्राम-प्रशासन केंद्र के अधिकारी घोषित करते हैं कि वाङ्चू धर्म और सामाजिक परिवर्तन के रिश्तों की द्वंद्वात्मकता की समझ से शून्य है। अत: उसे उसकी प्रकृति के प्रतिकूल कोई छोटा-मोटा काम दे दिया गया। नतीजा यह हुआ कि 'वाङ्चू' सहसा अपने को बेहद अकेला महसूस करने लगा। उसे लगा कि मैं ज़िंदा रह पाने के लिए उसे अपने लड़कपन के उस दिवास्वप्न में फिर से लौट जाना होगा, जब वह बौद्ध भिक्षु बनकर भारत में विचरने की कल्पना किया करता था।

कहानी के घटनाक्रम के इस मोड़ के उपरांत, रचना के दूसरे तनाव बिंदु की ओर हमारा ध्यान जाता है। वह बिंदु है सामाजिक उथल-पुथल के दौरान राज्य का नागरिक के साथ बदला हुआ व्यवहार, युद्धकाल में पुराना दोस्त देश, नया दुश्मन हो जाता है फलस्वरूप राज्य के प्रशासन तंत्र

के लिए जो विदेशी नागरिक पहले आदर का पात्र होता है वही संदिग्ध व्यक्ति के रूप मे चिह्नित किया जाता है। वाङ्चू पर यही गुज़रती है। वह अपनी शरण स्थली भारत लौटने की योजना बनाता है तो उससे कड़ी पूछताछ होती है। भारत का वीजा पाने की प्रक्रिया में भारत से अधिक कड़ी पूछताछ का सामना उसे अपने ही देश में करना पड़ता है। यह वह दौर था जब भारत और चीन की सीमा पर युद्ध पूर्व गोलाबारी शुरू हो गई थी। तनाव के वातावरण में वाङ्चू कलकत्ता पहुँचा तो ना केवल पुलिस स्टेशन पर उसके काग़ज़ात की कड़ाई से जाँच की गई बल्कि जनता ने भी उसे संदेह की नज़रों से देखा। पुलिस के अधिकारी ने उससे पूछा कि वह अपने देश से भागकर यहाँ क्यों आ गया? ट्रेन में यात्रा करते समय एक यात्री ने उससे कहा–"या तो कहो कि तुम्हारे देशवालों ने विश्वासघात किया है, नहीं तो हमारे देश से निकल जाओ...निकल जाओ...निकल जाओ।"

सारनाथ पहुँचकर 'वाङ्चू' को लगा कि वह जैसे अपने घर पहुँच गया है। जिस संस्था के एक कमरे में वह रहता था वहाँ की कैंटीन का रसोइया उसके आगमन से अभिभूत होकर उसका स्वागत करता है और उसका सामान, 'वाङ्चू' के लिए निर्धारित दूसरे कमरे में रख देता है। किंतु 'वाङ्चू' के शांति के दिन खत्म हो गए क्योंकि इस बीच भारत-चीन के बीच बाक़ायदा युद्ध छिड़ गया था। परिणामस्वरूप भारत में उपस्थित हर चीनी नागरिक ही नहीं; भारत की नागरिकता प्राप्त चीनी मूल के व्यक्ति भी संदेह के घेरे में थे। वाङ्चू को बनारस के पुलिस स्टेशन पर हाज़िरी देनी पड़ी और बाद में उसे गिरफ्तार भी कर लिया गया तथा उसके काग़ज़-पत्र ज़ब्त कर लिए गए। यह परिस्थितिजन्य प्रताड़ना थी जिसकी गिरफ्त में 'वाङ्चू' को आना ही था। नैरेटर कहता है–"सरकार यह ना करती तो और क्या करती? शासन करने वालों को इतनी फ़ुरसत कहाँ कि संकट के समय

संवेदना और सद्भावना के साथ दुश्मन के एक-एक नागरिक की स्थिति की जाँच करते फिरे?"

गरज कि 'वाङ्चू' को चैन नसीब नहीं हुआ। पुलिस ने उस पर निरंतर निगरानी रखी। उसके ज़ब्त किए गए काग़ज़ात लगभग नष्ट हो गए। उसका मित्र यानी लेखक, अपनी सीमा में उसे सहायता करता है। जब वह पुलिस से वाङ्चू के समर्थन में यह बतलाता है कि वाङ्चू बौद्ध धर्म का अध्ययन कर रहा है तो पुलिसिया प्रश्न यह होता है–"पिछले बीस साल से अध्ययन कर रहा है?" कहानी के उत्तरार्द्ध में 'वाङ्चू' के जीवन की इस विडंबना का विस्तार से वर्णन है। इन्हीं परिस्थितियों में, अपने सपनों के देश में, एक अनजान विदेशी व्यक्ति की तरह 'वाङ्चू' के जीवन का अंत हो जाता है। वह लगभग देशविहीन व्यक्ति की तरह एकाकी प्राण त्याग देता है। कैंटीन का सेवक वाङ्चू की अंतिम इच्छा का सम्मान करते हुए उसका सामान लेखक के यहाँ पहुँचा देता है। कहानी यूँ समाप्त होती है–"मैं ट्रक और कागजों का पुलिंदा ले आया हूँ। इस पुलिंदे का क्या करूँ? कभी सोचता हूँ, इसे छपवा डालूँ। पर अधूरी पाण्डुलिपि को कौन छापेगा? पत्नी रोज़ बिगड़ती है कि मैं घर में कचरा भरता जा रहा हूँ। दो–तीन बार कह चुकी है, पर में छिपाता रहता हूँ। कभी किसी तख्ते पर रख देता हूँ, कभी पलंग के नीचे छिपा देता हूँ। पर मैं जानता हूँ, किसी दिन ये भी गली में फेंक दिए जाएँगे।"

द्रष्टव्य है कि भीष्म जी के कथा-साहित्य में कई जीवंत पात्र हैं जो उनकी कहानियों के केंद्र में होते हैं। उनके चारों तरफ़ परिस्थितियों का संजाल होता है। भीष्म जी की कहानी कला यह है कि वे सहज-सरल ढंग से वस्तु का विस्तार करते हैं। भीष्म साहनी अपने पात्रों को रचते हैं किंतु उनके पक्ष या विपक्ष में वे स्वयं नहीं होते। लेखक अपनी ओर से

ना कुछ कहता है और ना ही सवाल उठाता है। कहानी अपनी समग्रता में संवेदनशील पाठक के मन में सवाल पैदा करती है। 'वाङ्चू' कहानी भी कुछ हल्के से संकेत भर करती है। एक नागरिक के रूप में 'वाङ्चू' सीधा-सादा निरीह व्यक्ति है। यदि कोई व्यक्ति सामाजिक-राजनीतिक रूप से जागरूक बुद्धिजीवी नहीं है, तो क्या उसे शांति से अपने ढंग से जीने का हक नहीं है? उसे देखकर बेशक कोफ़्त हो सकती है किंतु वह किसी भी तरह समाज का अहित नहीं करता है। कम-से-कम हानि तो नहीं ही पहुँचाता। वह अन्यों की दृष्टि में हास्यास्पद और बेवक़ूफ़ हो सकता है किंतु अपनी ही धुन में जीने वाला व्यक्ति अपने लिए समाज में एक छोटा-सा कोना चाहे तो इसमें हर्ज़ क्या है। दृष्टव्य है कि हर देश और समाज में ऐसे हजारों-लाखों लोग हैं और वे अपने समाज के मान्य हिस्से हैं। समाज है ही इसलिए कि सभी उसमें पनाह ले सकें। अपराधी और भ्रष्टाचारी भी वहाँ ना केवल जगह पाते हैं बल्कि उनके भी कुछ मानव अधिकार होते हैं। फिर, 'वाङ्चू' तो आध्यात्मिक प्रकृति का निर्दोष और शालीन नागरिक है। उसकी निरीहता किसी भी समाज के लिए घातक नहीं है। वह ना तो सहानुभूति का पात्र हैं और ना ही उपेक्षा का–लेखक उसे इसी रूप में चित्रित करता है। वह ऐसा कोई संकेत भी नहीं करता कि उसके आधार पर पाठक कथानायक की बाबत कोई धारणा बनाएँ। सवाल है कि क्या यह ज़रूरी है कि अपनी तरह का निर्दोष जीवन जीने वाले व्यक्ति के लिए, उसके पक्ष या विपक्ष में हमारी कोई राय बने।

'वाङ्चू' के आसपास घटने वाली हलचलों को भी लेखक वस्तुस्थिति की तरह पेश करता है। इतिहास इस बात का गवाह है कि देशों के राजनीतिक संबंधों के बिखरने या किसी समाज के सद्भाव के नष्ट होने पर आम नागरिक ही पिसता है। उसके अधिकार स्थगित हो जाते हैं

और उसका जीवन विषम हो जाता है। निर्दोष व्यक्ति संदिग्ध हो जाता है और उसकी शांति खण्डित हो जाती है। दो देशों के राजनीतिक संबंधों की आँच नागरिकों के जीवन को विडंबनाओं से भर देती है। यह त्रासदी मनुष्य निरंतर भोग रहा है। 'वाङ्चू' कहानी का देशकाल एक संयोग या दुर्घटना है किंतु वैसी विषम परिस्थितियों से आदमी आज भी गुज़र रहा है। बल्कि स्थितियाँ विषमतर होती जा रही हैं। 'वाङ्चू' तो एक दृष्टांत या मंडल है। उसकी जगह कोई भी हो सकता है। लेखक इसका एहसास बिना लाउड हुए करवाता है। क्रांतिकारी किस्म के बड़बोलेपन से वह, हमेशा की तरह बचा है।

चीन की 'बड़ी छलांग' भी 'वाङ्चू' जैसे निरीह प्राणी के लिए ही नहीं, समाज के लिए ज़रूरी नागरिकों के लिए घातक है। अंधे सिद्धांत की आँधी सबको उड़ा ले जाती है। व्यक्ति को भावावेग से भरकर भीड़ का हिस्सा बना देने वाली घटनाएँ भी युद्ध की ही तरह सामाजिक शांति के लिए घातक हैं। आतंक, हत्या, विस्थापन और अनिश्चित भविष्य नतीजा होता है। चीन की ऊँची छलांग हो या भारत में राम मंदिर का मुद्दा हो या इस्लामिक स्टेट का पागलपन; बीसवीं सदी को पार करके हम इक्कीसवीं सदी के दूसरे दशक में आ गए हैं किंतु हिंसा, भय और राजनीतिक तनाव मौजूद हैं। पहले से कहीं अधिक। इस पर सैद्धांतिक बहसें होती हैं और वे ज़रूरी हैं। व्यवस्था की गहन पड़ताल भी ज़रूरी है किंतु सामान्य नागरिक जो झेलता है वह पीड़ा भी रेखांकित करने योग्य होती है। यह काम साहित्य करता है। शांतिकामी 'वाङ्चू' कहीं भी, हो सकता है।

'वाङ्चू' कहानी को इस रूप में भी देखा जाना चाहिए कि यह किसी व्यक्ति विशेष की कहानी नहीं है। समाज का संतुलन बिगड़ने पर किसी भी व्यक्ति की नियति नहीं होगी जो 'वाङ्चू' की हुई। 'वाङ्चू' की कहानी

अभी भी जारी है और वह कभी भी, किसी भी देश में घट सकती है। कहानी यह संकेत ज़रूर करती है कि दिवास्वप्न की दुनिया में रहने वाला सज्जन मनुष्य, सामाजिक हलचलों में ना तो सत्य को पा सकता है और ना ही अपनी सुरक्षा की कोई रणनीति बना सकता है।

रेणु स्कूल की मिस हीरादेवी

प्रवीण कुमार

'गोदान' के बारे में कहा जाता है कि इसकी कथा जितनी 'होरी' की है उतनी ही 'धनिया' की भी है। क्या यही बात 'तीसरी कसम' के बारे में कही जा सकती है? होरी और धनिया को जोड़ने वाली शक्ति दांपत्य है, लेकिन कथा में दांपत्य के बंधन से अधिक उनके जीवन-संघर्ष ने दोनों ही देह को एक प्राण में तब्दील कर दिया है। अत: वह एक जोड़े की भी संघर्ष कथा है, क्रौंच मर जाता है और क्रौंची छटपटा रही है; फिर... मां निषाद प्रतिष्ठां। क्या इसी तरह की छटपटाहट को 'तीसरी कसम' में हम देख पाते हैं? क्या हिरामन–हीराबाई जोड़े हैं? दोनों ही कथाओं में भिन्नता है मगर क्या जोड़ा बिछड़ने का कारण दोनों ही जगहों पर एक ही तरह की सामाजिक संरचना में छिपे हैं? प्रेमचंद के यहाँ पात्रों की विवशता की कारक-शक्तियाँ साफ-साफ दिखाई देती हैं–पुरोहित से लेकर रायसाहब तक, पर रेणु के यहाँ, कम-से-कम इस कहानी में वे शक्तियाँ साफ-साफ नहीं दिखतीं, केवल उनका स्याह असर दिखाई देता है। वाक़ई? क्या इस कहानी के बारे में दावा किया जा सकता है कि हिरामन और हीराबाई को जोड़ने वाली भाव-स्थिति 'प्रेम' ही है?

रेणु ने रचना के प्रचलित मानदंड ही नहीं बदले बल्कि आलोचना के प्रचलित मानदंडों को अपनी रचनाधर्मिता से दरका दिया है। उनकी रचना के भीतर से गुज़रने के लिए आलोचना के प्रचलित औजार किसी

लायक नहीं बचते! कहानीकार प्रेमचंद से अलग लीक वाले रेणु इसलिए भी अलग हैं कि वे सपाट की जगह 'विभावन व्यापार' के लेखक हैं। उनके यहाँ कहानी खत्म होने के आसपास है और–"छि–ई–ई–छक्क! गाड़ी हिली। हिरामन ने अपने दाहिने पैर के अँगूठे को बाएँ पैर की एड़ी से कुचल लिया। कलेजे की धड़कन ठीक हो गई...हीराबाई हाथ की बैगनी साफी से चेहरा पोंछती है। साफी हिलाकर इशारा करती है–अब जाओ।" बीस साल से लगातार गाड़ीवानी करने वाले चालीससाले कुँवारे हिरामन का कलेजा, पहली बार उस देह के टप्पर–गाड़ी में बैठने के साथ ही जो धड़कना शुरू होता है वह अंततः अँगूठे को कचरने के बाद भी थमने का नाम नहीं लेता। हिंदी कहानी में अपनी धड़कनों को रोकने का इतना मार्मिक प्रयास शायद ही किसी पात्र ने किया हो। लेकिन ये हीराबाई को क्या हो गया है? 'आसिन–कातिक' में चेहरे पर पसीना? पसीना या कुछ और? इसी 'कुछ' में रेणु हैं, उनके अनुभव हैं और कलम की धार है।

कथा में एक सुबोध है तो दूसरा अबोध। हिरामन अबोध न होता तो अबतक भला कुँवारा रहता। वह जिस आबोहवा में पला-बढ़ा है वह नाच है, नौटंकी है, 'पतुरिया' शब्द से वह परिचित है, पर इस दुनिया से कोसों दूर है। एहसास तो उसे सबकुछ का है, पर एहसास अबतक जगे नहीं थे। उसके एहसास पहली बार संबोधनों से जगते हैं–भैया, मीता, मेरा हिरामन, उस्ताद, गुरुजी से। हिरामन के लिए भी, हीराबाई के लिए भी सच्चे और कल्पित कई संबोधन हैं–कंपनी की औरत, पश्चिम की औरत परी, डाक्डरनी, चंपा का फूल, कुँवारी लड़की, विदागी, भगवती, लाल होठ पर गोरस का परस जैसे पहाड़ी तोता–पर पूरी कथा में हिरामन ने सीधे-सीधे हीराबाई को कभी भी किसी नाम से संबोधित नहीं किया है। बस एक संबोधन है जिससे हीराबाई को वह पूरी कहानी में बचाता फिरता

है, वह है 'पतुरिया' यह संबोधन उसका नहीं, समाज का है। हीराबाई सबकुछ हो सकती है पर 'पतुरिया' नहीं; इस शब्द की धार से वह मेले में लगातार छिल-छिल जाता है। "...आज वह हीराबाई से मिलकर कहेगा, नौटंकी-कंपनी रहने से बहुत बदनाम करते हैं लोग। सरकस कंपनी में क्यों नहीं काम करतीं...?"

कहानी में एक दूसरा संबोधन भी है जिससे वह हीराबाई को नहीं बल्कि खुद को बचाता फिरता है–"मालकिन।" "टप्पर-गाड़ी जब फारबिसगंज पहुँच जाती है तब लालमोहर ने कहा–'इनाम बकसीस दे रही है मालकिन, ले लो हिरामन!' हिरामन ने कटकर लालमोहर की ओर देखा...बोलने का ज़रा भी ढंग नहीं है इस लालमोहर को।" कहानी के इसी प्रसंग में हिरामन अपने एहसास को पकड़ लेता है। सारे संबोधनों के अर्थ कम-से-कम उसके मन में इसी जगह बुल जाते हैं अत: मालिक-मालकिन वाले संबंध त्याज्य ही नहीं अस्वीकार्य हैं। यही है चालीस की दहलीज़ पर खड़े एक काले-कलूटे कुँवारे गाड़ीवान की पीठ पर उठती गुदगुदी का राज! पर हीराबाई क्या 'पूरक' है? वह तो बस एक एहसास जगाकर चली जाती है–"गाड़ी ने सीटी दी हिरामन को लगा, उसके अंदर से कोई आवाज़ निकलकर सीटी के साथ ऊपर की ओर चली गई–कू–उ–उ! इस्स!"

तो फिर 'महुआ घटवारिन' की कथा का क्या करें? 'महुआ घटवारिन' को सौदागर ने ख़रीद जो लिया है, गुरुजी!' इसका मतलब हुआ कि 'महुआ घटवारिन' की कथा और हिरामन-हीराबाई की कथा एक ही है? दोनों ही जगहों पर प्यासे प्रेमी हैं पर उनकी तथाकथित प्रेमिकाएँ?–एक न थकने वाली जल की मछली हैं तो दूसरी कंपनी की औरत। महुआ भी मजबूर थी और हीराबाई भी। पर एक सौदागर की नाव से बहती धारा में छलांग लगा देती है लेकिन दूसरी बहती रेल में बैठी रहती है। यदि नाव और रेल इतिहास

की प्रतीकात्मक गति है तो महुआ और हीराबाई के अलग-अलग फैसले, किस्से और यथार्थ का फ़र्क़ बताते हैं। फिर 'बैंगनी साफी से चेहरा' पोछने में किसी बड़ी विवशता की कोई सूचना है? ध्यान रहे कि दोनों ही कथा के प्रेमी 'चाहत' के शिकार हैं, बस यही एकता है दो कथाओं में, लेकिन इतने भर से ये दोनों कथाएँ एक-दूसरे की पूरक नहीं बन जातीं, आंचलिकता की पहचान इससे भी है कि एक जैसी लगने वाली कथा और किस्से-प्रसंग में क्रमबद्धता और एकतानता की जगह क्रमभंग और बहुतानता होती है। बहुतानता का आशय किसी अन्य घटना या कथा का मुख्य कथा से आत्यंतिक स्तर पर जुड़ाव के नहीं होने से है। अलग-अलग कथाएँ अपने एकात्तिक भाव में विशिष्ट हैं पर उसका दूसरी कथा से स्वतंत्र और गैर-संबंधित रिश्ता हो सकता है। आंचलिक साहित्य में इन कथाओं का 'ओवरलोड' होता है। हालाँकि इस कथा को आंचलिकता के ठेठ रूपक के रूप में नहीं, बल्कि एक स्वतंत्र कथा के रूप में देखने का आग्रह ज़्यादा होना चाहिए। महुआ-घरटवारिन की कथा लेखक और हिरामन का एक अस्त्र है, पाठक और हीराबाई को सम्मोहित करने के लिए। आंचलिकता गद्य में कविता है; उसका एक लक्ष्य भावविभोर करना भी होता है। इसी बहाने कई तरह का दर्द पसरा हुआ है, कथा में, किस्सों में, गीत में, यथार्थ में, जीवन में, भूत में और शायद भविष्य में भी। लेखक और हिरामन मिले हुए हैं और उनकी पैदा की हुई भावुकता के अनंत विस्तार में सबकुछ बहा जा रहा है, अबतक।

हिरामन और हीराबाई का अंतर यहाँ वर्गीय नहीं जितना भावावेग और भाव-प्रबंधन का है। यह अंतर अनुभव का भी है, आंचलिक-गंवई 'मन' और शहराती 'मन' का है। हिरामन की भीतरी पीड़ा में, अबूझ स्थिति में जो बीज है, उसमें सहज आंचलिकता बोध का उभार है। हीराबाई कोई

विदेशी नहीं, पर 'पश्चिम' की हीराबाई किसी दूसरे अंचल या सांस्कृतिक भूमि की बोधक भी है, वह आती है और हिरामन का सबकुछ दाँव पर लग जाता है। बाहरी जीवन-स्थितियाँ या हिरामन के अंचल से बाहर की विकसित जीवन-स्थितियाँ उस अंचल के लिए, गंवई हिरामन के लिए अग्राह्य है, इसलिए भी 'तीसरी कसम' है। पर मामला केवल इतना ही नहीं है, यह 'मारे गए गुलफ़ाम' का भी मामला है; गुलफ़ाम शब्द उभयलिंगी विशेषण है, यह फूलों जैसी देह के लिए नज़ाकत से भरा संबोधन है, जितना मर्द के लिए उतना ही औरत के लिए। पर गुलफ़ाम संज्ञा भी तो है! शहर का प्रेमी कलेजे की धड़कने तेज होने पर अपने दाहिने पैर के अँगूठे को बाएँ पैर की एड़ी से शायद ही कुचले! हिरामन जिस 'पीर' से गुज़र रहा है उसे संभालना उसके बूते से बाहर है। भावना की चरम अवस्था है धड़कनों का तेज होना और 'बैंगनी साफे' से चेहरे का पोछा जाना भाव-प्रबंधन है। हीराबाई ईमानदार है, अच्छी है पर अनुभवी है और भाव-कुशल भी। हिरामन अपनी नाराज़गी से उसे अबतक जता चुका है कि उसे हीराबाई पसंद है, उसके प्यार का एहसास उस नाराज़गी से भाँप लेती है, हिरामन के कलेजे से रेल की सीटी के साथ उठ रही हूक हीराबाई साफ-साफ सुन रही है। सो हूक में एक ने अँगूठा कुचला तो दूसरे ने भाव-प्रबंधन कर लिया। हिरामन वह आदमी है जो अपने बूते के बाहर की चीज़ों से दूर रहता है। जो चीज़ उसे खटकती है वह चीज़ उसके बूतें की नहीं। वह अपनी टप्पर-गाड़ी में सर्कस का बाघ तो लाद सकता है पर स्मगलिंग का सामान और बाँस नहीं, इसलिए उसने पहले ही दो कसमें खा लीं थी। पर यह तीसरी कसम? यह इसलिए भी कि इस अनुभूति को, इस पीर को संभालना उसके बूते का नहीं। वह अंचल का है किसी शहर का नहीं, उसे भाव-प्रबंधन नहीं आता। एक कभी न खत्म होनेवाली अनुभूति, लगातार खटकने वाली अनुभूति।

हीराबाई के दिए रूपये-पैसे से जो गरम चादर आएगी, उससे हिरामन के भीतर की ठिठुरन कम नहीं होने वाली। क्या इसी घटना को कहानी में 'त्रासदी' मानकर आगे बढ़ा जा सकता है? यहाँ कहानी में 'त्रासदी' तो है पर यह तब तक एक अधूरी त्रासदी है जब तक एक और विडंबना को इससे न जोड़ा जाए जो कथा में बहुत पीछे छूट गई है। यह विडंबना राग का रूप धरे हुए है, इसलिए उसकी पहचान थोड़ी मुश्किल है—"लाली लाली डोलिया में लाली रे दुल्हनिया...आह दुल्हनिया, तेगछिया गाँव के बच्चों को याद रखना। लौटती बेर गुड़ का लड्डू लेते अइयो। लाख बरिस तेरा दूल्हा जिए।...कितने दिनों का हौसला पूरा हुआ है हिरामन का। ऐसे कितने सपने देखे हैं उसने...।" पर हीराबाई इस प्रसंग में गायब है। इस प्रसंग के ठीक पहले वह जो मुस्कराती हुई गाँव निहारती है, यहाँ नहीं है। इस प्रसंग के बाद कथा में वह फिर उपस्थित होती है—मुस्कराते हुए और अब महुआ घटवारिन की कथा है; कथा खत्म होते-होते हिरामन भावुक हो जाता है—"उसने हीराबाई से अपनी गीली आँखे चुराने की कोशिश की। किन्तु हीराबाई तो उसके मन में बैठी न जाने कब से सब-कुछ देख रही थी।" आख़िर वह देख क्या रही है? दोनों चरित्रों का 'कंस्ट्रक्शन' यहाँ अलग-अलग है। इन दोनों घटनाओं से पाठक और हिरामन दोनों ही हुलसित होते हैं, पर हीराबाई? वह "तकिये पर कोहनी गड़ाकर, गीत में मगन एकटक उसकी ओर देख रही थी" पर अगली ही पंक्ति आती है "खोयी हुई सूरत कितनी भोली लगती है।" जीवन की वास्तविक त्रासदी 'राग' की अनुपस्थिति से नहीं उभरती बल्कि जीवन की ओर बार-बार बढ़े आ रहे 'राग' की अवहेलना और अवहेलना की वजहों की पहचान से उभरती है। 'खोयी हुई सूरत' से सामना होने पर भी उससे तटस्थ है। वह किस अनंत में किस असंभव को तलाश रही है; किसी और प्रेम का या

किसी के दुल्हन होने से अ–तटस्थ या तटस्थ? हीराबाई के अनुभूति-बोध में 'प्रेम' है पर उसका सगुण रूप हिरामन नहीं, संभवत: कहीं कोई सगुण है ही नहीं, यह उसकी त्रासदी है; एक का दूल्हा होना नसीब नहीं, दूसरे का दुल्हन होना नसीब नहीं, किसी की भी दुल्हन नहीं बस एक क्षणिक अनुभूति है, कम-से-कम हिरामन और पाठक के लिए, हीराबाई के लिए नहीं। यहाँ जिस भारतीय समाज का सच है उसमें कम समर्थवान की त्रासदी तो है ही समर्थवान की भी त्रासदी है। टप्पर-गाड़ी से लेकर रेलगाड़ी तक दोनों ही नए भावों के अजायबघर में आवाजाही कर रहे हैं, हीराबाई के लिए हिरामन मीता है, गुरुजी है, उस्ताद है और 'मेरा हिरामन' है। इस संबंध में गहरी मानवीय गंध है पर मानवीय कह देने भर से वह 'प्रेम' का पर्याय नहीं बन जाता। राग से, एहसास से तटस्थता हीराबाई की भीतरी विवशता का सूचक है। त्रासदी यह भी है कि दोनों मजबूर हैं, दोनों में प्यास है, पर एक पानी है एक बर्फ, एक का चरित्र तरल है एक का ठोस; एक रागधर्मी है तो दूसरा दुनियादार। पानी कहीं और है, प्यास कहीं और। हिरामन की विडंबना यह है कि अँगूठा कुचलने के बाद भी उसे उन्हीं राहों से गाड़ीवानी करते हुए बार-बार गुज़रना होगा जो कभी हीराबाई की वजह से जादुई हो गई थीं। हीराबाई को भी हिरामन जैसा 'सच्चा' नहीं मिलने वाला। पर सच्चा किसी का प्रेमी हो जाए यह ज़रूरी नहीं, यही नियतिजन्य प्रश्न है, कहानी इसलिए भी यहाँ आकर बड़ी हो जाती है। 'बैगनी साफी' से पोछता हुआ चेहरा एक औरत की इकहरी विवशता नहीं, बल्कि दुहरी विवशता की सूचना है जो जान गई है हीरा का 'मन' पर उसके उस एहसास का वह कुछ नहीं कर सकती इसलिए यह कथा दोनों की है, अविवाहित जोड़े की कथा उनको आपस में जोड़ने वाली चीज़ उनकी अपनी-अपनी त्रासदी है, एक ही समय में घटित होने वाली दो त्रासदियाँ हैं। हिरामन

के अनुरागी 'मन' और हीराबाई के हिलते हुए तटस्थ 'मन' में' कथा-विश्लेषण की अनंत संभावनाएँ छोड़ दी हैं रेणु ने, यही उनकी ताक़त है। ताक़त यह भी है कि अलग-अलग दो चरित्र हमें 'जोड़े' दिखने लगते हैं, यह जानते हुए भी कि दोनों के नामों में केवल छोटी 'इ' और बड़ी 'ई' का ही भेद नहीं है, यहाँ और भी बहुत 'कुछ' है।

मृत्यु-गंध, मृत्यु-निषेध और जीवन का महाआख्यान : ऐ लड़की

कविता

'ऐ लड़की' से मेरी मुलाक़ात का किस्सा अजीब-सा है, उससे मिलना और कृष्णा जी से मिलना एकसाथ हुआ था। यह प्रति मेरे पास उनकी भेंट की हुई प्रति है और मैं पगली अवाक्-सी उनसे यह भी न कह सकी थी, इसपर हस्ताक्षर दे दें–डर था कि कुछ गलत न हो जाए मुझसे...

हाँ इससे पहले भी कुछ गलतियाँ हुई थीं मुझसे, पहले-पहल जब लजाते-शरमाते, हिचकते हुए उनसे इंटरव्यू के लिए वक्त लिया तो दस मिनट की देरी से पहुँची थी–उन्होंने मिलने से मना कर दिया था, कहला दिया था–वो नहीं है। दुखी हुई थी, उदास हुई थी, अपनी नई जगह, नई मुश्किलों, संघर्षों, उलझनों की परेशानी उन्हें कैसे समझती? हाँ फिर भी वह नहीं समझी थीं जो कि वे कहना चाह रही थी...।

दुबारा फिर वैसी ही एक और गलती–उनसे पुन: समय लिया, पढ़ा, जो कुछ भी उपलब्ध था। प्रश्न बनाए पर अंतत: यह याद आ गया कि वह शाम तो दीपावली की शाम है। बूथ से फोन कर उनसे किसी अगले दिन का कहकर क्षमा माँग लिया। मैं भाँप भी नहीं सकी, वे बिलकुल संयत थीं और उन्होंने बस इतना कहा–"जब तुम्हें फ़ुरसत हो, मन हो...वैसे मैं दीवाली नहीं मनाती।" उसके बाद, मैं फोन करती,

वे समय न होने की बात या फिर नाम सुनते ही अपने न होने की बात कहलवा देतीं।

अंततः वो दिन बड़ी मुश्किल से आया था और मैं सोचकर गई थी, अपनी सभी गलतियों के लिए एक साथ मुआफ़ी माँग लूँगी, पर जब वो मिलीं तो किसी गिले-शिकवे के लिए कोई जगह नहीं बची थी। स्नेह और आह्लाद से भरपूर, मेजबानी में मशगूल और प्रश्नों को सराहती हुई, हर उत्तर में सतर्क और समझदार। 'ऐ लड़की' देकर जैसे मुझसे भी उन्होंने कहा था—"समय की क़ीमत पहचान, संभल जा।" लेखकीय स्वाभिमान और आत्माभिमान के बीच का फ़र्क़ भी उन्हें ही देखकर जाना। गुलाम न हो इज़्ज़त हो अपने भीतर के लेखक के लिए, उन्हीं से सीखा।

'जो बीत चुका है, गुज़र चुका है, वह लौटकर नहीं आता। जो लौटता है वह उस पुराने की पुनरावृति भर होता है। जब वह दुबारा जिंदा होता है तो वह इतिहास बन चुका होता है, या फिर आख्यान। 'ऐ लड़की' से दुबारा गुज़रते हुए मुझे अपनी लेखिका के आत्मकथ्य का यह हिस्सा बार-बार याद आ रहा था। कहा जाता है 'ऐ लड़की' 'कृष्णा जी' और उनकी माँ की ही संलग्न कहानी का पुनरोपाख्यान है, 'ऐ लड़की' में उस स्मृति-खंड को इतिहास तो नहीं पर आख्यान बनाने की कोई भी बेहतर रचना न सिर्फ़ देखें, सुनने-समझने के आधार पर रची जा सकती है, और न वह पूरा-का-पूरा आत्मवृत्त या आत्मकथ्य होती है। रचना और रचनाकार जब अपनी स्वतंत्र सत्ता का अतिक्रमण कर एकमेक होते हैं, रचना जब अपनी ज़िदों और शर्तों में लेखक को बाँधती है और लेखक उसे अपने लेखकीय संयम और अनुशासन के दायरे में जब अच्छे से कस-जकड़ लेता है मुकम्मल रचना तभी बन जाती है। सिर्फ़ पूरा होने के अर्थों में ही नहीं, बल्कि पूर्णता के मुकम्मल अर्थों में भी—संवादों की शैली में रची गई इस लम्बी कहानी

का शिल्प निःसंदेह उसके प्रकाशन काल में नया और अनूठा ही रहा होगा। (यह कहानी, रविन्द्र कालिया जी के संपादन में वर्तमान साहित्य के कहानी विशेषांक–1 में आई थी) पर कोई भी रचना सिर्फ़ शिल्प नहीं होती, न होनी चाहिए। मूल्यों की शिनाख्त, जीवन सत्यों की तलाश और उनका रचना के द्वारा पुनर्सृजन ही साहित्य है और 'ऐ लड़की' साहित्य और रचना के इन तमाम मापदंडों और शर्तों पर खरी उतरती है, बल्कि उन्हें फलाँगती हुई, बने-रचे सीमाओं के परे जाकर कालजयी साबित होती है। 'ऐ लडकी' ऊपर-ऊपर तीन स्त्रियों के वार्तालाप (बल्कि सच में कहें तो दो स्त्रियों के संलाप और उससे भी ज़्यादा एक बूढ़ी स्त्री के एकालाप) का अंकन है, पर भीतर-भीतर न जाने कितनी बातें इसमें गुँथी हुई हैं। जिंदगी की न जाने कितनी परतें, मुलायम रेशों से बुनी हुई किसी गलीन चटाई की-सी, बुनाई के धागों से बुनी हुई किसी बड़े वितान की-सी, जिसमें न कोई धागा निरर्थक है, न कोई फंदा...चाहे वह वृद्ध स्त्री के अपने विवाह के समय की स्मृतियाँ हों, चाहे पहली बार माँ बनने की जवानी की, घर-संसार की, अपनी माँ, नानी, मायके, ससुराल की...या फिर बच्चों के बच्चों की यादें या अपनी अकेली अविवाहित बच्ची की चिंता। कोई भी एक धागा निकला, कोई भी एक फंदा इधर से उधर हटाया कि सारी बुनावट ही उधड़ जानी है, इस कहानी की। सारे जीवनानुभव घुल-मिलकर एक, एकमेक और किसी घुलनशील द्रव में एकसार। जिंदगी की बुनावट के सारे रंग, सारे रेशे जैसे इस एक छोटे-से कलेवर की कहानी में गूँथ दिए गए हों, एक-एक करके मृत्यु और उसके आगत की आशंका और प्रतीक्षा को केंद्र में रखकर रची गई यह कहानी मृत्यु-भय की कहानी न होकर 'मृत्युगंध' और 'मृत्यु-निषेध' की कहानी हो गई तो शायद इसीलिए–"तो क्या मैं रोशनी को अँधेरा कहने लगूँ, नहीं; अभी मेरे होशो-हवास दुरुस्त हैं...इतना जान

मैंने बीमारी को अपने भीतर धँसने नहीं दिया, अभी तक तो सबकुछ चाट जाती...मेरी देहरी की सांकल खुल चुकी है, दरवाज़े पर खट-खट हुई नहीं कि मैं बाहर, मगर सुन लड़की यह मैं हूँ कि अड़ी हुई हूँ...।"

जिंदगी को 'मुक्ति' और 'निष्काम होने' की संकल्पना पर तरजीह देती हुई यह औरत बार-बार कहती है–"जीना और जीवन छलना नहीं है। इस दुनिया से चले जाना छलना है। यह दुनिया बड़ी सुहानी है। हवाएँ-धूप, घटा-बारिश, उजाला-अँधेरा, चाँद-सितारे इस लोक की तो लीला ही अद्भुत है...देह तो एक वस्त्र है; पहना तो इस तरफ़ चले आए, उतार दिया तो परलोक–अपना नहीं, दूसरो का लोक।" इसीलिए तमाम जीवन, उसकी स्मृतियों, उसके स्वाद और सुविधाओं को यह औरत छककर जीती है–"नींद में जैसे कोई बारिश की आवाज़ सुनता है, मैं वैसे ही बीता वक्त सुन रही हूँ...तुम न देख सकोगी, मुझे दिख रहा है...वानप्रस्थ उतरा है। कान देखते हैं और आँख सुनती है। पकी उम्र खाली आहटें ही चुनती रहती है। यह जो एक अवस्था है न, देह ढीली और मन गोदाम। पुराने दिन और स्मृतियों की ढेरियाँ लगी हों जैसे। जिसकी याद आ गई उसी की खोज मचने लगी...कभी पति की स्मृतियाँ, कभी बेटे का ख़याल, कभी नातिन के कदमों की चाप, बेजार पड़ा शरीर आहटें-ही-आहटें सुनता–गुनता है।

'वक्त' और 'इंतज़ार' जैसे ये दो शब्द ही हिस्से में हों अब। तीसरा बचा 'दर्द' जिसे अपने मनोबल से ख़ारिज करती रहती है वह बस पड़े-पड़े पिछले वर्षों को फलाँगते जाना, जैसे कोई बहुत तेज गाड़ी जा रही हो... पर अकिए और अजीए का अहसास है जो सालता है रह-रहकर, चुभता है घावों के साथ-साथ एक नया घाव बनकर–"चाहती थी पहाड़ की चोटियाँ चढ़ूँ। शिखरों पर पहुँचू। पर यह बात घर की दिनचर्या में कहीं न जुड़ती थी...तुम्हारे पिताजी को, न कुछ देर से हो, न जल्दी, मैं आप ही घड़ी बनी

रही...। इस परिवार को मैंने घड़ी मुताबिक चलाया, पर अपने निज का कोई काम न सँवारा। इस समय इस बात का बहुत कष्ट है मुझे।"

बेटी को उसके जन्म के बारे में बताती हुई वह कहती है दिल और मन से अकेली हो गई थी मैं। सिर पर जैसे एकांत छा गया हो। दिल में यही उठे कि जैसे पगडंडियो पर अकेली घूमती फिरूँ। लगा चीड़ का ऊँचा पेड़ ही अंदर आया हो...शायद इसीलिए... वह लड़की के 'ऐसी' होने के क्रम को तलाशती हुई कहीं अपने ही वजूद के किसी अदेखे हिस्से को नये सिरे से पहचानती है, और स्वीकारती भी है हजार चिताओं, प्रश्नो और उलझनों के बावज़ूद उसके इस 'अकेली' होने को...अपने में किसी पराये को उगाने की ज़रूरत नहीं। किसी के धकेलने से कोई धावक नहीं होता। खुद अपनी दौड़ दौड़नी होती है...छोटी बातों का ध्यान नहीं करना...अपने बहाव के विरुद्ध मत चलना...चले जाने के बाद कहने नहीं आऊँगी। वह अपने अनुभवों से यह जानती और समझती है किसी के अधीन नहीं होना ताक़त है, सामर्थ्य है, शक्ति है, पर संस्कारगत भय अभी भी कहाँ पीछे घंटे हैं–"तुम अपनी इकहरी यात्रा में क्या प्रमाणित करोगी।"

संग-संग जीने में कुछ रह जाता है, कुछ बह जाता है, अकेले रहने में न कुछ रहता है। न बहता है...माँ बनकर स्त्री तीनों काल जी लेती है... किसी का साथ पाकर हस्ती कुछ और हो लेती है...बच्चा बनाना भी एक बड़ा यज्ञ है, यह झंझावत एक बार देह से गुज़र जाए तो मांसपेशियाँ–तंतु सब मजबूत हो जाते हैं...अपनी समरूपता पैदा करना स्त्री के लिए बड़ा महत्त्वकारी है, बेटी के पैदा होते ही माँ सदाजीवा हो उठती है, निरंतरा हो उठती है, मरती नहीं...पर इस लड़ाई में भी वह नवीन के पक्ष में खड़ी होती है, पुराने को झटकारकर पीछे छोड़कर, धावकों-सी तेज चलने वाली कभी की घुड़सवारी करने वाली वह अधुनातन स्त्री...प्रश्न अब

दूसरे हैं–"तुम आज़ाद हो, किसी की रोक-टोक नहीं तुमपर। जो चाहो करो। एक बात याद रहे कि अपने से भी आज़ादी चाहिए होती है? देती हो वह कभी अपने को?"

"तुम्हारे लिए निश्चिंत हूँ। न तुम सताई जा सकती हो, न किसी को सताती हो। हाँ सोचकर बताओ कि ज़रूरत पड़ने पर आवाज़ किसे दोगी?"

"मैं किसी को नहीं पुकारूँगी। जो मुझे आवाज़ देगा, मैं उसे जवाब दूँगी।" अम्मू अब तो तसल्ली हुई...सारी कहानी का सार, सारी कहानी की बनावट बस इन्हीं दो प्रश्नों पर टिकी हुई है, उससे ज़्यादा कहीं उस एक उत्तर पर...माँ की जान अटकी है तो कहीं अपनी उस अजब-गजब, बेलीक चलती और जीती हुई बेटी में, जैसे कि राक्षस की जान अटकी पड़ी हो तोते में–मेरे बाद इसका क्या? मेरे बाद इसका कौन? मेरे बाद किसे कहेगी/सहेगी?

जवाब मिलता है और रूह आज़ाद हो लेती है। सारे लगावों से, मोह से, चिंताओ से–"किसी-किसी का मोहजाल में अटक जाता है। मुझे देखो। तुम्ही में लगा पड़ा है, लेटे-लेटे यही कि बाहर गई है, अंदर आई है, क्या सोच रही है? क्या कर रही है? अपने मन की इस संतान के लिए उसका यही मोह जूसन से कहता है–"पीछे से तुम क्या इसे देख लोगी। इसे आराम बहुत चाहिए। कभी काम पर लग जाए तो बस काम-ही-काम, मेहनत से नहीं डरती। यहाँ रहती जाओगी तो अच्छा ही है। ऊपर से ख़ुश्क लगती है, पर किसी का हक नहीं रखती...।" 'ऐ लड़की' से गुज़रना जिंदगी से गुज़रना है, मृत्युगंध, जीव-मोह और मृत्यु-निषेध की परिभाषाओं को पुन: तलाशना ढूँढ़ना। स्त्री-पुरुष संबंध, रिश्ते, स्त्री की स्थति, परिवार में उसकी जगह, पैतृक संपदा पर हक, परिवार या व्यक्तिगत आज़ादी जैसे स्त्री-विमर्श से जुड़े तमाम मुद्दों से भी यह कहानी नये तरीक़े से मुठभेड़ करती है।

यह दो पीढ़ियों के मानसिक संघर्ष के साथ-साथ मिलकर सोचने-समझने, बतियाने-मनवाने और एक-दूसरे को (की) मानने से भी ज़्यादा, जानने की कहानी है। क्योंकि मानना एक बात है, जानना दूसरी। मानने के लिए निज को खोना होता है, जानने के लिए उसे जागृत और सजग रखना। यह भूमिकाओं के पलटने की कहानी है, एकमेक होने या कि एक-दूसरे में बदल जाने की...क्योंकि एक दौर में जो सीढ़ियाँ चढ़ी जाती हैं, दूसरे में उतरी भी जाती हैं–"मेरा काम आख़िर तुमने क्यों संभाल लिया, आख़िरकार मुझे सरकाकर तुम मैं बन गई न, यह काम तो उम्रभर मेरे जिम्मे रहा?...बेटी होकर तुम मेरी माँ बनी और मैं...?"

यात्राएँ जब खत्म होने लगती हैं तो न जाने क्या-क्या बाहर आने को दरवाज़ा खटखटाने लगता है। जीवन-यात्रा की समाप्ति पर कहानी की बुजुर्ग भी अपना सारा जीवन निचोड़ आने वाली पीढ़ी को थमाकर जाना चाहती है–"माँ को टुकड़ों में बाँटकर यह परिवार फैला देता है। कारण तो यही न, समूची रहकर कहीं उठ खड़ी न हो...।" "गृहस्थी की सारी शोभा नाम की ही है। पत्नी, बहू, माँ, नानी, दादी। फिर वही खाना पकाना, पहनना–गहना। बस नाम की महारानी। लड़की अपने आप में होना परम श्रेष्ठ है।"

वह जूसन (देखभाल करने वाली नर्स) से भी कहती है–"मेरी बात सुनो। न तुम पूरा खर्च करो, न उसे ही करने दिया करो। आधा-आधा समझी। नहीं तो यों ही हज़म करली जाओगी। शादी के बाद किसी के हाथ का झुनझुना नहीं बनना। अपनी ताक़त बनाने की कोशिश करना।"

'ऐ लड़की' में लेखिका की भाषा ताज़ी, हल्की और ऊर्जावान है। पेचीदा से पेचीदा मसले को आज़ादी से कहती–सुलझाती हुई, जीवंत और संजीदा। यह भाषा और चेतना केवल खुद के लिए सजग और सचेत नहीं, सामाजिक चेतन्यता और विकास भी इसका मकसद है। यह निज

की पक्षधर है अगर सामाजिकता में खोने और नया रचने और एकमेक होने की भी...मूल्य और परिवेश यहाँ यूँ ही ख़ारिज किए जाने भर के लिए नहीं। वानप्रस्थ का यही मौसम (हाँ, पर बीमार मौसम नहीं) 'समय सरगम' का भी केंद्र बनकर उभरा है। पढ़कर लगता है कि बस 'ऐ लड़की' की 'निजकारी गूंज' और 'निज आकाश' की चाहत रखने वाली वह लड़की माँ की समवयस हो आई है, वही घूँट-घूँट जिंदगी को जीना, सन्निकट मृत्यु का हताशाहीन इंतज़ार और खुद से बाहर खड़े होकर खुद को देखने का वही विकट हौसला...जो बूढ़े कहे-कहाये जाने के विरुद्ध खुद को सयाना कहना चुनती है। मृत्यु का आसन्न, मृत्यु का अरण्य रोदन नहीं करती बल्कि घूँट-घूँट आस्वाद की तरह उसे भी जीती है।

दृष्टियों का ही फ़र्क़ है कि कृष्णा जी 'ऐ लड़की' और 'सरयू सरगम' में जहाँ बुढ़ापे को भी जीने का उत्सव बनाए रखती हैं। वही सरगम के समकक्ष लिखी गई 'निर्मल' जी की 'अंतिम अरण्य' उम्र के एकांत मोड़ पे छूट गए किसी अकेले शख्स का निजी विलाप-सा, संत्रास-सा दिख पड़ता है।

'ऐ लड़की' जीवन का महाकाव्य बनकर उभरती है तो बस इसलिए कि इसमें जीवन के सभी रंग हैं, सभी प्रश्नों पर विचार है। आगतो को अपनी थाती बाँट जाने की इच्छा भी और उनमें बचे रहने की इच्छा और आह्लाद भी...यह जीवन का महाआख्यान है। मृत्युगंध, मृत्युनिषेध और जीवन मोह की अपील गाथा भी।

औरत की ख़रीद-फ़रोख्त के निर्मम व नंगा बाज़ार का बेपर्द इज़हार है कहानी : धर्मक्षेत्रे कुरुक्षेत्रे

जयनंदन

दूधनाथ सिंह की लम्बी कहानी धर्मक्षेत्रे कुरुक्षेत्रे ऐसे समय और समाज की कहानी है जहाँ लगभग जंगलराज की स्थिति है। बल्कि कहें कि इसमें जो समय व युग झाँकता है वह पाषाण और आदिम युग से भी निर्मम होने का आभास देता है। जहाँ औरतें अब भी ग़ुलामी की बेड़ियों में जकड़ी हुई हैं और माल-मवेशियों से भी उनकी हालत गई गुज़री है। इस कहानी को पढ़ते हुए यक़ीन नहीं होता कि हमारी बहन-बेटियाँ जो अधिकार एंजॉय कर रही हैं इस समय, उनके बरक्स इसी दुनिया के निरंकुश अँधेरे कोने में ऐसी औरतें भी हैं जो जानवरों की तरह ख़रीदी और बेची जाती हैं तथा उनके जिस्म के साथ मनमाना अत्याचार किया जाता है और विडंबना यह कि उस औरत के मुँह से प्रतिरोध की एक हुंकारी तक नहीं निकलती। हालाँकि आधुनिकतम महानगर देश की राजधानी में भी निर्भया जैसे कांड आज भी होते हैं, लेकिन उसका पूरा समाज संज्ञान लेता है और विरोध में पूरा देश खड़ा हो जाता है। संसद और अदालतें तक भर्त्सना और न्याय की माँग से गुंजायमान हो उठती हैं।

'धर्मक्षेत्रे कुरुक्षेत्रे' की औरतें बेआवाज़ जघन्य बर्बरता की शिकार होती हैं और उसमें समाज के कई सफ़ेदपोश चेहरों की मिलीभगत रहती है।

लेकिन इनके लिए न पुलिस है, न संसद, न अदालत और ना ही प्रतिकार करने वाली कोई आहट। एक नन्हीं और कमज़ोर-सी आवाज़, नगीनदास नाम का बाबा उदासी जी के आश्रम का सेवक उठाता है, लेकिन मौके पर ही उसे ढेर कर दिया जाता है।

इस कहानी में नायक कोई नहीं है, सारे-के-सारे खलनायक ही हैं। एक जो मुख्य खलपात्र है उसका नाम है सीऊ महतो। वह अपने गुरु लेंड़ी महतो से अपराध की तालीम लेकर पहले तो गाय-बैलों की चोरी का धंधा करता है, फिर घरों में सेंधामारी करने लगता है और अंत में औरतों की ख़रीद-फ़रोख्त के धंधे में सिद्ध होकर फलने-फूलने लगता है। लेंड़ी महतो उसे इस धंधे का गुर समझाते हुए इसके बड़े बाज़ार और डिमांड से परिचित कराते हुए कहता है– "कितने ओंछड़–पोंछड़, कितने अँइवे-ताने लंगड़-लूल, उबरे-कुबरे! कितने अधेड़ हो गए, औरतों की बू-बास नहीं पाए! कितनों की घरवालियाँ उन्हें छोड़ के परा गई। कोइराने में ही कितने बूढ़-ठूढ़ हैं, लेकिन मजा मारने का मन अभी जस का तस। मेहरारू देखते ही सात हाथ की जीभ बाहर आ जाती है। और अहिराँत में? ऊ बिसनथवा है। जिनगीभर मुग्दर माँगता रहा, डण्ड-बैठक, कुस्ती। गर्दन पर घूर मलने के सिवा और कुच्छो नहीं किया। अब बुढ़घाउस लगी है। अब कहता है, 'कैसी भी हो राँड़-बहेर, उढ़री-फुढ़री,–बस एक ठो मेहरारू चाहिए महाराज! ऊ बउरहा ठाकुर हैं। देखते–जानते हो? निरबंसी, पापी-हरामी। जमीन जैजाति किसको देंगे? लबर पाँड़े हैं! ऊखि-रहर, डाँड़े-अरारे महरारुन की गम्मक सूँघते फिरते हैं। दस बिगहा खेती-बारी है। बंस चाहिए–आउर-बाउर, जैसा भी भगवान दे दें।...काफ़ी बड़ा बाज़ार है। रकम–रकम की सेल।"

सीऊ महतो इस धंधे में पारंगत हो जाता है। वह एक जादूगर की तरह नादान बच्चियों, लड़कियों, औरतों को फुसला लेता है। इसमें पाँच वर्ष

की लड़की से लेकर चालीस-पैंतालिस की अधेड़ तक शामिल रहतीं हैं। कहानी कहती है कि उसने अनगिनत घर उजाड़े और अनगिनत घर बसाए। लेकिन सीऊ महतो अपने बेटे मरकटवा का घर बसाने में ही मार खा गया। पाँच साल हो जाने के बाद भी मरकटवा की घरवाली माँ बनने में कामयाब नहीं होती। अपनी घरवाली के उलाहना देने पर सीऊ कहता है तो खदेरो हरामिन को। बंस-बरखा नहीं देगी तो कितने दिन बैठ के खिलाएँगे। फिर वह अपनी पतोह को झोंटा पकड़कर और आँगन में गिराकर लतियाने लगता है। उसकी घरवाली भी पीढ़ा से उसे कूटने लग जाती है।

निरपराध भीषण अत्याचार सहती औरत की ऐसी लाचारी और बेबसी हमें इस 21वीं सदी की दुनिया में क़ायम उस दुनिया में ले जाती है जहाँ आज भी औरत महज वंशबे़ल बढ़ाने तथा सेक्स का मजा देने वाली घर-गृहस्थी में काम आने वाले बैल, गाय, बकरी, घोड़ा, ऊँट की तरह एक निरीह व मूक प्राणी है। सीऊ महतो उसे घर से ले जाकर दूर किसी कोड़बाज (औरतों की ख़रीद–फ़रोख्त करने वाले दलाल) को सौंपकर अपना पिंड उससे छुड़ा लेता है।

अब वह मरकटवा के लिए एक सुघड़ और खूबसूरत औरत की तलाश में लग जाता है। इसी तलाश में वह चनरमा सिंह के पास पहुँचता है, जो बिहार बॉर्डर से माल सप्लाई करता है। चनरमा उसे उदासी बाबा के मठिया (आश्रम) में ले जाता है। बाबा उदासी भी इसी कारोबार का एक सरगना है। उसने एक औरत को ख़रीदकर रखा हुआ है जो अपने चाचा ससुर द्वारा जबरन यौनाचार से गर्भवती हो गई थी। बाहर रहने वाला उसका पति कलंकिनी समझकर उसे त्याग देता है। उस औरत का बाप भी पनाह नहीं देता और बाध्य कर देता है चाचा ससुर के पास जाने के लिए। चाचा ससुर उस औरत को चनरमा सिंह की दलाली से मठिया के बाबा उदासी को बेच देता है। मठिया में रहने वाला

सेवक नगीनदास उसकी देखरेख करता है और उसके प्रति दयाभाव से भरा रहता है। नगीनदास चमार जाति से है। वह गाँव में रहकर मालिक का बंधुआ मजदूर था, जिसे बाबा उदासी यहाँ लाकर कंठी-माला, त्रिपुंड, कनफूँक मंत्र आदि तमाम ढकोसला लादकर सेवक बना लेता है।

सिऊ महतो जब चनरमा के साथ औरत ख़रीदने के लिए मठिया पर आता है तो उदासी का असली चेहरा नगीनदास के सामने उजागर हो जाता है। उसे उदासी से घृणा हो जाती है। इसी स्थल पर नगीनदास विद्रोह का बिगुल फूँक देता है। कथाकार ने इस पात्र के चरित्र को बहुत बारीक़ी से बुना है और कहानी का संदेश अथवा अभिप्राय इसी के हवाले से अभिव्यक्त होता प्रतीत होता है। नगीनदास बाबा उदासी को धिक्कारते हुए कहता है–"साधू बने हो, महंथ बने हो और कारोबार करते हो? अँचला पहिर के, टीकाफाना करके, घरी-घंट बजाते हो, पोथी बाँचते हो, कनफूँका मंतर देते हो और दोसरे की बहू-बेटी बेचते हो? परलोक बनेगा और वह भी तुम्हारा? अरे, तुम्हरे जैसे साधू-संडासी सरग जाने लगें तो सरगो बसा जाए। बसाई रहा होगा।"

"नगीनदास कंठी-माला, लौकी की तुमड़ी, सुमिरिनी, कोठारी-गोशाले की कुंजी आदि पटकते-फेंकते हुए कहता है कि अब इस पापकुंड में हम एक मिनट नहीं रहेंगे। भोगो अपना राजपाट। इसी समय उदासी के कहने पर सिऊ महतो हुमच के लोहबन्ना नगीनदास के सिर पर जमा देता है। बगावत का कंठ यहीं अवरुद्ध कर दिया जाता है।" इस जगह पर मुझे यह महसूस होता है कि नगीनदास के बगावती तेवर को क्या और प्रखर बनाकर इस पूरे घृणित व जघन्य कारोबार का भंडाफोड़ करना अच्छा नहीं होता? नगीनदास तब मारा जाता जब पूरी दुनिया को इसकी खबर हो जाती, तो कहानी में एक नया आयाम जुड़ जाता।

सिऊ महतो जब इस औरत को ख़रीदकर बहू के रूप में अपने घर ले आता है तो यह जानकर ठगा रह जाता है कि वह पहले से ही गर्भवती है। लेकिन उसे चाहिए अपने बेटे का पैदा किया वंश। चनरमा सिंह उसे लौटाने से इनकार कर देता है।

अब इसे भी ठिकाने लगाने के लिए वह अपना बेटे मरकटवा के साथ उसे लेकर चल देता है। जंगल में उसे सीकड़ से बाँधकर मरकटवा के जिम्मे छोड़ देता है और ग्राहक ढूँढ़ने निकल पड़ता है। इस जंगल प्रवास की यंत्रणा बेहद मार्मिक और हृदयस्पर्शी है। पैर भारी की अवस्था में सुख-शांति की जगह नरक की यातना से उसका गुज़रना यह साबित करता है कि हैवानियत की इंतहा सिर्फ़ आतंकवाद और युद्ध में ही नहीं गाँव-घर के भोले-भाले से लगने वाले रिश्ते-नातों में भी मौजूद है।

सिऊ महतो को अपने कुकृत्य का ख़ामियाज़ा खुद ही भोगना पड़ता है। वह औरत बीहड़ हालात में भी बच्चे को जन्म देती है। जिसे सिऊ महतो गड्ढा खोदकर जिंदा गाड़ देना चाहता है ताकि औरत का सौदा करने में आगे दिक्कत न आए। लेकिन उसका अपना बेटा मरकटवा उसके रास्ते का रोड़ा बन जाता है। उस औरत के साथ रहते हुए उसके भीतर हमदर्दी का एक कोना जाग्रत हो गया लगता है। दोनों बाप-बेटे में मारपीट होने लगती है। वे एक-दूसरे की जान लेने पर उतारू हो जाते हैं और अंजाम यह होता है कि दोनों ही मारे जाते हैं।

इस कहानी की सबसे बड़ी खूबी है इसमें प्रयुक्त देशज और ठेठ गंवई शब्दावलियाँ। और यही इस कहानी की ख़ामी भी है। जो गाँव में कभी नहीं रहे और वे यूपी-बिहार के नहीं हैं, उनके लिए कहानी से गुज़रना कील ठुके रास्ते पर खाली पाँव गुज़रने जैसा है। लेकिन जो यूपी-बिहार की भाषा-बोली कहावतें-मुहावरे और रहन-सहन से परिचित हैं, उनके लिए कहानी

का पाठ अत्यंत रोचक बन जाता है। मेरा चूँकि नाभि-नाल आज भी गाँव से जुड़ा है इसलिए मुझे कहानी ने एक बैठक में पढ़ा लिया।

दूधनाथ जी चूँकि एक मंजे हुए वरिष्ठ कथाकार हैं इसलिए शिल्प की रवानगी का इन्होंने पूरा ख़याल रखा है। कहानी लम्बी होकर भी कहीं से भी डिटेल्स में बोझिलता की खीज उभरने नहीं देती। कहीं भी ऊँगली रखने की जगह नहीं मिलती कि कहा जाए कि अमुक-अमुक अंश हटाने लायक है। कहानी में गाँव के रस्मो-रिवाज, आदतें, सलूकात आदि पर गहरी पकड़ और गहरी समझ उकेरी हुई दिखती है। रिश्तों की पवित्रता और रिश्तों की ऐसी की तैसी का द्वन्द्व भी इसमें खूब उभरा है। सिऊ महतो ससुर होकर भी मरकटवा की पहली बहू की बुरी तरह पिटाई करता है, वहीं जब दूसरी औरत को बहू बनाकर लाता है तो उसका घूँघट तक उठाकर नहीं देखता और ना ही उसका जरा-सा भी स्पर्श करता है। भले ही बाद में दोनों बहुओं को अपने लिए बेकाम समझ उन्हें बेच देने में भी उसे जरा भी हिचक नहीं होती।

तो एक तरफ़ जहाँ रिश्तों की मर्यादा के प्रति कहानी में आग्रह दिखाई देता है, वहीं एक ऐसा आदमी भी है जो ससुर होकर बहू को गर्भवती कर डालता है। पत्नी के गर्भवती हो जाने पर पति साथ नहीं देता। जबकि ऐसे मामले में आमतौर पर पति-पत्नी के साथ कुकर्म करने वाले की जान का दुश्मन बन जाता है। इसका अर्थ हुआ कि वह ऐसा पति था जो न अपनी पत्नी को प्यार करता था और ना ही उस पर भरोसा। चलिए, यहाँ तक तो ठीक है, लेकिन वह पिता भी कैसा पिता था, जो अपनी बेटी को उल्टे पाँव वापस लौटा देता है उसी नरपिशाच के पास जिसने उसकी अस्मत पर डाका डाल दिया था। पिता अगर शरण दे देता और उसकी पीठ पर खड़ा हो गया होता तो औरत एक कठोर दमन-चक्र में फँसने से बच जाती। पिता तो अमूमन ऐसा ही होता है–ऐसा ही होना चाहिए–पालनहार, तारणहार,

संरक्षक और हर हाल में शुभचिंतक। यहाँ तो ऐसा था कि वह औरत बिलकुल बेकसूर थी। उसने स्वेच्छा से अपने चचिया ससुर से यौन संबंध नहीं बनाया था, बल्कि उसके साथ जबरदस्ती की गई थी।

एक जिज्ञासा और भी मन में उपजती है कि इतना-इतना जुल्म, यातना और बर्बरता झेलकर भी सभी औरतें चुप्पी क्यों ओढ़े रहती हैं, कोई रिवोल्ट क्यों नहीं करतीं, जबकि उन्हें मालूम है कि वे बरबादी और विनाश के क्रूर जबड़े में ढकेली जा रही हैं, फिर भी किस उम्मीद में बेरहम बरताव सहती चली जाती हैं? उन्हें जब मिटना या लुटना ही है तो करारा प्रतिरोध क्यों नहीं कर लेतीं। निरीह-से-निरीह जीव-जन्तु भी सताये जाने पर यथासाध्य प्रतिकार ज़रूर करता है।

कहानी जिस परिवेश को रचती है उससे ऐसा जाहिर होता है कि औरत उस उत्पाद की तरह है जिसकी उपलब्धता बहुत कम है और ख़रीददार बहुत ज़्यादा हैं। आख़िर कौन-सा वह प्रदेश या इलाका ऐसा है जहाँ औरतें बहुत कम हैं और उनकी माँग बहुत ज़्यादा है? जबकि माना यह जाता है कि बेटियों की शादी के लिए पिता को दर-दर भटकना पड़ता है और उसे कोई स्वीकार करे, इसके लिए बड़ी मात्रा में दहेज तक देना पड़ता है। यही कारण है कि बेटियों के जन्म पर आज भी लोग खुश नहीं होते।

किसी भी समाज में इस तरह के काले-धंधे और चोरबाजारी स्थायी तौर पर नहीं चलाये जा सकते। ख़रीदने वाले या बेचने वाले के आसपास रहने वालों के जरिए से रहस्योद्घाटन का न होना असंभव-सा लगता है।

इस कहानी का मर्म अगर एक जगह कहीं निहित है तो वह जगह नगीनदास के द्वारा गर्भवती औरत को कही गई वह पंक्ति है–"धर्म छेत्रे, कुकुर छेत्रे...का-का होत एऽऽ संजे।" कुत्ता प्रतीकात्मक रूप से यहाँ इसलिए आया है कि उसकी ज़्यादातर आदतें निर्लज्जता की पराकाष्ठा

प्रदर्शित करती हैं, उसका यौनाचार, किसी भी ऊँची जगह पर उसका टांग उठा देना, अपनी ही बिरादरी पर बेमतलब भौंकना, जहाँ रोटी मिल गई वहाँ पूँछ हिलाने लगना और उसका कटखना हो जाने पर जानलेवा बन जाना आदि। तात्पर्य यह कि धर्म का जो क्षेत्र है वह कुत्तों का क्षेत्र हो गया, जिसमें हर तरह की बेशर्मी, हर तरह का कुकर्म, हर तरह के पाखंड और ढोंग समा गए हैं।

निष्कर्षतःयह कहा जा सकता है कि दूधनाथ जी की यह कहानी 'धर्मक्षेत्रे-कुरुक्षेत्रे' एक ऐसी कहानी है, जिसे पढ़ने के बाद भुलाया नहीं जा सकता।

ईश्वर का इस्तेमाल

चंदन पाण्डेय

जीवन और साहित्य का दो-तरफ़ा आदान-प्रदान तब और जीवंत हो जाता है, जब वो किसी ख़ास (निर्धारित) समय के इर्द-गिर्द रचा गया हो। किराए पर घर उठाना एक प्रचलित व्यवसाय है, परंतु जब इस प्रचलित कार्य-व्यापार में कोई अहंकार, जातीय गौरव, पाखंड अड़चन बनने लगे तो "पांडे कौन कुमति तोहें लागी" जैसी रचना उपजती है।

आठवें दशक के मध्य के किसी साल को अपना प्रस्थान बिंदु बनाती इस कहानी की एक परत दूसरी भी है वह है–अस्सी। बनारस का एक प्रचलित घाट और उससे लगा यह मोहल्ला अपने ख़ास (UNIQUE) बोली-बानी और जीवन-शैली के लिए ख्यात है। इस ख़ासपने (UNIQUENESS) को दुनिया के सामने रखने का काम जिन विद्वानों ने किया है उनमें काशीनाथ सिंह का नाम भी शुमार है, जो हर मुकम्मल शिल्प को अपनाते हैं, यह जाहिर करने के लिए कि 'अस्सी' के 'शेड्स' कितने हैं। इसी सिलसिले में उनकी यह रचना है–"पांडे कौन कुमति तोहें लागी।" रचना सारांश: एक घर और तद्रुसार पूरा एक मोहल्ला जो धर्म काज की बाँग से जगता है, मोहल्ले में ब्राह्मण हैं जो संकल्प आदि कराते हैं और मल्लाह हैं, जो नदी के सहारे जीवनयापन करते हैं। वह वक्त आता है जब विदेशी सैलानी 'पेईंग गेस्ट' की तलाश मोहल्ला अस्सी में करते हैं। ब्राह्मणों के 'लीडर' हैं–पं धर्मनाथ शास्त्री। इनका ख़ौफ़ मोहल्ले में है, इनके

पास धर्म का तर्क है जिससे यह लोगों को ध्वस्त करते चलते हैं। इनके भय से मोहल्ले की ऊँची जाति वाले मालिक, मकान विदेशियों को किराए पर नहीं चढ़ाते। फिर ये विदेशी सैलानी मल्लाहों के घर में बतौर 'पेईंग गेस्ट' रहना शुरू करते हैं इससे होने वाली आमदनी अधिक है, जिससे मल्लाहों का जीवन स्तर बदलने लगता है। यह आमदनी इतनी अधिक है कि पंडित जी का धर्म शास्त्र डोल जाता है, ईमान डोल जाता है और फिर शास्त्री जी का निर्णय बदल जाता है।

विडंबना यह है कि शास्त्री जी का कोई भी निर्णय, भले ही वह पिछले से ठीक उलट क्यों न हो धर्म शास्त्र के तर्कों पर नितांत खरा उतरता है। यहाँ तक कि मंदिर और ईश्वर को विस्थापित करने वाले उनके निर्णय के पक्ष में भी तर्क धर्म से ही आता है–साक्षात् शिव सपने में आते हैं और शास्त्री जी को तर्कों से लैस करते हैं।

यह अनायास नहीं कि इस रचना में विस्थापित ईश्वर, काशीनाथ जी की अगली रचना 'कौन ठगवा नगरिया लूटल हो' में अपहृत हो जाते हैं।

'पांडे कौन...' धर्म से होने वाले अलौकिक फायदे बनाम पेईंग गेस्ट से होने वाले लौकिक फायदे के इर्द-गिर्द बुनी गई है, जिसके सारे चरित्र समय की चाल से छिटके हुए हैं। वो 'विदेशिनी' भौतिक को छोड़कर संस्कृत सीखना चाहती है। कंप्यूटर की धमक सुन रहे भारत (1985-90) में शास्त्री जी अब भी संकल्प कराने का ढोंग रचते हुए जीवन जी रहे हैं। तन्नी गुरू ज़रूर समय अनुरूप कार्य कर रहा है–दलाली। उसके मन में अमरिकियों के लिए इसलिए भी एक रत्ती सम्मान नहीं है क्योंकि वे उसके झाँसे में नहीं आते। शास्त्री जी की पत्नी 'अबला तेरी यही कहानी' का जीवित नमूना है। पति से परास्त है।

रचना में एक और उल्लेखनीय तत्त्व है–भाषा। एक भाषा जो पात्र आपस में बोलते हैं और दूसरी लेखक–पाठक के बीच की। लेखक जानता है कि उसकी रचना में ईश्वर भी एक पात्र है, इसलिए असली सृजनकर्त्ता लेखक ही है। इस तरह समूची कथा सुनाने के अंदाज में लिखी गई है। पात्रों के बीच की भाषा उल्लेखनीय है। जैसा कि एक साथ रहने से संवाद इशारों में तथा मन-ही-मन भी होने लगते हैं। इसका नायाब नमूना है यह कहानी। कितना कुछ तन्नी और शास्त्री के बीच घट जाता है और अन्य पात्रों को सुनाई कुछ नहीं देता। पाठक अलबत्ता ज़रूर समझ जाता है। इसलिए नहीं कि लेखक को कई जगहों पर उन इशारों को स्पष्ट करना पड़ा है, बल्कि इसलिए कि पाठक जानता है, उसे समझना क्या है।

सबसे आगे दौड़

स्वयं प्रकाश

'दौड़' हिंदी की पहली ऐसी औपन्यासिक कृति है जो वैश्वीकरण के साथ आर्य जीवन शैली का प्रबल प्रतिरोध करती है। इसे 'पापि ब्रेकर' ही नहीं 'व्हिसल ब्लोयिर' या 'घंटी घनघनाने वाला' भी कहा जा सकता है। और ताज्जुब कि यह लघु उपन्यास एक ऐसी लेखिका की कलम से निकला जिसकी दिलचस्पी अधिकांशत: घर-गृहस्थी के माहौल में ही रही और जिसकी कोई प्रकट राजनीतिक प्रतिबद्धता नहीं है। तत्कालीन अन्य उपन्यास अतीत में गोते लगा रहे थे और वहाँ से कुछ ढूँढ़कर लाने की कोशिश कर रहे थे। 'दौड़' छाती के बल वर्तमान से भिड़ गया, उसने आज और सभी में अपने पौधे रोपे, ताकि जब वे फलीभूत हों तो उनमें भविष्य के जलवे दिखाई दें।

'दौड़' आत्मकथात्मक है, इसके माता–पिता साहित्य प्रेमी हैं, घर में किताबों का ढेर है, पिता अख़बार निकालते हैं, माँ अध्यापिका हैं, छोटा शहर है, दो बेटे हैं जो नौकरी के लिए शहर छोड़कर चले जाते हैं, यह सब ममता कालिया और रवीन्द्र कालिया के जीवन प्रसंग नज़र आते हैं, लेकिन जब ममता जी इसमें कॉरपोरेट जगत की गुत्थियों को बड़ी कुटिलता और प्रामाणिकता के साथ गूँथती है तो यक़ीन नहीं होता कि बेटों या अन्य व्यक्तियों से सुनकर यथार्थ की ऐसी सघन और धड़कती हुई तस्वीर उतारी जा सकती है। यूँ तो अनुभव रचना का प्राण नहीं। शेक्सपीयर के बारे में

कहा जाता है कि वह क़ातिल के साथ मारता है और मक्तूल के साथ मरता है। हत्यारे की कहानी लिखने वाला लेखक ज़रूरी नहीं कि हत्या करने का अनुभव भी रखता हो। यदि कोई लेखक मुर्गी की कहानी लिखना चाहता है तो हम उससे ये नहीं कह सकते कि पहले अंडा देकर दिखाओ! फिर भी, यदि कोई सुनकर इतना सच्चा लिख सकता है तो यक़ीनन वह बड़ा लेखक है।

इस उपन्यास में ममता जी ने रोज़गार के महानगरों में केंद्रीकरण, श्रम-कानूनों की धज्जियाँ उड़ाती कॉर्पोरेट की कार्य-संस्कृति, अंतरजातीय विवाह, लिव इन रिलेशनशिप, रोज़गार की अनिश्चितता, मार्केटिंग की कारगुजारियाँ, विज्ञापन संसार के पाखंड, युवाओं के बदलते जीवन-मूल्य और छोटे शहरों में छूटे बूढ़ों-बुज़ुर्गों का अकेलापन यदि आधुनिक जीवन के अनेक मुद्दों को छुआ है। इनमें से प्रत्येक मुद्दे पर कलम से उपन्यास लिखा जा सकता है। ममता जी एक तरह से हिंदी में भविष्य की औपन्यासिक कृतियों की विषय सूची प्रस्तुत कर रही थीं। हमने देखा कि इन मुद्दों पर बाद में उपन्यास लिखे भी गए, और आज भी लिखे जा रहे हैं।

इसके अलावा 'दौड़' में ममता जी ने धर्म के व्यावसायिक स्वरूप का मुद्दा उठाया है (सुधीश पचौरी जिसे 'पॉप धर्म' कहते हैं।) और बड़ी कुशलता से इसे वैश्वीकृत व्यापार के हितों के साथ जोड़ा है। नये पूँजीपति जानते हैं कि जब हम कर्मचारियों से सोलह-सोलह घंटे काम कराएँगे और उन्हें छुट्टी भी नहीं देंगे (शादी हो तो चार रोज़ की छुट्टी ले लो, माँ या बाप के मरने पर छुट्टी की क्या ज़रूरत है) तो कर्मचारी तनावग्रस्त होंगे और अवसाद के शिकार भी, इसलिए उनके लिए वस्तुमोह, उपभोक्ता संस्कृति, फैशन परेड, जिम, फास्ट फूड, गतिमोह और तेज़ उत्तेजक संगीत की ही नहीं, अंग्रेजी में सूडो साइंटिफिक सिद्धांत बघारने वाले बाबाओं की भी

व्यवस्था कर दी। सबका उद्देश्य एक है–जबतक हाथ-पाँव में दम है, हमारे मुनाफ़े के लिए बिना रुके, बिना थके, काम करते रहो।

कहते हुए संकोच तो हो रहा है लेकिन कहे बिना रहा भी नहीं जा रहा कि इसी विषय पर मैंने भी एक उपन्यास लिखने की घृष्टता की थी जिसका नाम था 'ईंधन' और जो बुरी तरह पिट गया था। काश मेरे पास ममता जी जैसी सहज सूझ-बूझ और विवेक दृष्टि होती। औरतों में एक सहज-स्वाभाविक विवेक चेतना होती है जिससे वे बगैर लम्बे चौड़े वागाडंबर की चीज़ों की तह तक पहुँच जाती हैं और सच्चाई को भाप लेती हैं। ममता जी को मैं दीदी कहता हूँ और जब मैं कह रहा हूँ कि मैं उनसे ईर्ष्या करता हूँ तो इसे उनके लिए मेरी सराहना की अभिव्यक्ति ही मानना चाहिए।

कभी-कभी गैर-पक्षधर होना भी वरदान साबित होता है। यह बड़े मजे की बात है। मान लीजिए यह उपन्यास किसी घोर वामपंथी या अनन्य देशभक्त लेखक ने लिखा होता तो क्या होता? होता यह कि रचना से कथानक का सारा द्वन्द्व ही गायब हो जाता। 'दौड़' की सबसे बड़ी खूबसूरती यही है कि इसमें ममता जी कहीं निर्णायक नहीं हुई हैं। बेटे के जीवन में हो रहे परिवर्तनों को उन्होंने एक सामाजिक-राजनीतिक विश्लेषक-विवेचक की तरह नहीं, एक माँ की तरह ही देखा है। आख़िर जो चीज़ हाल ही होना शुरू हुई है, अभी पूरी तरह हुई भी नहीं है। उसके प्रति आप निर्णायक कैसे हो सकते हैं? आप अभी कैसे उसके समर्थक या विरोधी हो सकते हैं। मसलन काम के लिए बच्चों का बाहर जाना, उनका दिन-रात तरक्की या काम के प्रति ही सोचते रहना, नियोजक के प्रति जीवनभर की निष्ठा न रखना या भोजन में आसक्ति न रखना। जरा सोचिए क्या ये बुरी चीज़ें हैं। क्या सरकारी कार्यशैली वाली गैर-ज़िम्मेदारी और गैर-जवाबदारी अच्छी थी? क्या मालिक के प्रति सामंती वफ़ादारी अच्छी थी। होड़ लगाकर और

शर्त बदकर खाने वाले तौंदियल भोजन भट्ट और मोटेराम शास्त्री अब नहीं दिखाई देते तो इसमें क्या बुरा है।

आजकल लोग स्वादिष्ट भोजन को नहीं, संतुलित भोजन को पसंद करते हैं। स्वस्थ देहयष्टि और शरीर सौष्ठव के प्रति आकर्षण बढ़ा है। दूरियाँ–विज्ञान ने समाप्त कर दी हैं। अंतरजातीय विवाह और प्रेम विवाह आसानी से अभिभावकों की स्वीकृति पा लेते हैं। घर में कामकाजी लोगों ने इस नयी जीवन-शैली से सामंजस्य बैठा लिया है। अब यदि अमरीका में बैठा पुत्र पिता की अंत्येष्टि के लिए भारत नहीं आ पा रहा तो लोग समझते हैं कि वह इतनी जल्दी आ ही नहीं सकता–इसमें भावुक होने वाली कोई बात नहीं है।

अभी कल ही लिखा गया यह शानदार उपन्यास, ताज्जुब है कि दोबारा पढ़ने पर बहुत पुराना लगता है। मानो कोई युगों पुरानी कहानी सुनाई जा रही है। पिता फोन पर पुत्र से कह रहा है–"चिट्ठी लिखा करो! एस.टी.डी बूथ से घर फोन करने पर सौ रुपये बिल का आ रहा है, भाई कंप्यूटर एसेम्बल करने की कोशिश कर रहा है और इसके लिए ज़रूरी कलपुर्ज़े ख़रीदने के लिए दिल्ली जाना चाह रहा है, माँ को जींस-टॉप पहने लड़कियाँ लड़कों जैसी लग रही हैं–ये कौन-से जमाने की बातें हैं?

इससे यह सिद्ध होता है कि हमारी दुनिया बहुत तेजी से बदल रही है और जैसे किसी भागती हुई वस्तु की साफ़ तस्वीर नहीं खींची जा सकती–आज की अच्छी-से-अच्छी रचना भी काल-सापेक्ष और कालनिबद्ध ही हो सकती है। यूँ मैं जो अपने समकाल का नहीं हुआ। वह कालजयी क्या होगा।

'दौड़' का सबसे अधिक विचारोत्तेजक पहलू है पिता और पुत्र की सोच में आता अंतर। दोनों की जीवन-शैली में ही नहीं, जीवन-मूल्यों में भी

आता बदलाव। ध्यान से देखें तो यह हमारे पूरे समाज की सोच में आया और आ रहा बदलाव है। पिता की पीढ़ी ने सामंतवाद से जो जीवन-मूल्य प्राप्त किए थे वे थे स्वावलम्बन, सादगी, स्वदेशी, संतोष, स्वामिभक्ति और स्थायित्व। ये मूल्य पूँजीवादी समाज बनते ही या तो समय बाहर हो चुके हैं या उन्हें पुनर्परिभाषित करने की आवश्यकता है। आज संतोष का स्थान प्रतियोगिता ने, बल्कि स्पर्धा ने, संचय का स्थान निवेश ने, स्थानीयता का स्थान वैश्विकता ने, सहकार का स्थान आत्मकेंद्रण ने और सुकून का स्थान दौड़ ने ले लिया है। एक ऐसी दौड़ जिसके समापन स्थल का किसी को पता नहीं, लेकिन जो अहर्निश चलती रहती है, जिसने मनुष्य के सपनों पर भी कब्जा कर लिया है और जिसने अपने प्रतिवाद या परिवाद या विकल्प को लगभग असंभव बना दिया है। हिंदी की कोई भी अन्य कृति अपने समकाल को इससे बेहतर परिभाषित नहीं करती।

'दौड़' का कोई सुनिश्चित-सुपरिभाषित अंत नहीं है। ऐसा लगता है जो पुस्तक आप इतने मनोयोग से पढ़ रहे थे, उसके अंतिम कुछ पृष्ठ किसी ने फाड़ लिए हैं। और आप मेरा विश्वास कीजिए–इससे अधिक कलात्मक कुछ नहीं हो सकता था। यदि जबरदस्ती इस कथा को कोई नाटकीय अंत देने की चेष्टा की जाती तो 'दौड़' अपनी सारी विशिष्टता खो बैठती और एक औसत कलाकृति बन जाती। और मुझे लगता है यह ममता जी ने सोच-समझकर नहीं किया–बस, उनसे हो गया। हिंदी में कम ही कृतियाँ हैं जिन्हें देखकर मैंने सोचा हो–हाय! काश इसे मैंने लिखा होता! और 'दौड़' उनमें से एक है।

बलि : दहशत भरी, निरीह-आँखों का आख्यान

महेश कटारे

स्वयं प्रकाश ने आठवें, नवें दशक की संधि के आसपास कहानी लिखना शुरू किया था। इनकी एक विशेषता यह रही कि भाषा के स्तर पर कोई छल नहीं रचते और न अस्वाभाविक उत्तेजना से स्थिति को चमकाते हैं। 'बलि' कहानी में लेखक ने लोक की लोलुप-विडंबना को श्रम और सफ़ेदपोश संस्कृति के द्वन्द्व में वर्गीय चेतना के साथ देखने की कोशिश की है।

बलि का शाब्दिक अर्थ है–बळ + इन अर्थात आहुति, चढ़ावा, भेंट। कहानी में मुख्य पात्र लड़की है–जो लड़की होकर पैदा होती है...अभाव, कुभाव, स्वभाव सहती, तन-मन के लिए हाथ-पाँव मारती और छोटे-छोटे सपने भी देखती है तथा अंत में अपने ही हाथों, अपने लिए निर्धारित मौत मर जाती है। लेखक ने लड़की को कोई नाम नहीं दिया है। नाम से व्यक्ति रूप-विशेष के साथ संज्ञा (में सीमित) हो जाता है। लड़की सर्वनाम है। सर्वनाम से 'बलि' व्यक्ति की नहीं समाज, देश (क्षेत्र) और समय की कहानी हो जाती है। ऐसी हजारों, लाखों लड़कियों को आस-पड़ोस और दूर तक देखा, पाया जा सकता है।

कहानी बहुत सहजभाषा में एकरेखीय वृत्तांत की तरह लिखी गई है। सहजता एक बड़ी संरचनात्मक चुनौती होती है। कदाचित इसीलिए कहानी

में कहीं स्वतंत्र-संलाप नहीं है। जो हैं वे वाचक (नेरेटर) या अन्य पुरुष द्वारा कहे गए हैं। पूरी कहानी ही वाचक-शैली में है जो अमरकांत की 'हत्यारे' की तरह स्थितिगत वर्णन से आरंभ होती है—"घनी हरियाली थी जहाँ उसके बचपन का गाँव था। साल, शीशम, आम, कटहल और महुए के पेड़। ये बड़े-बड़े पेड़। पेड़ के नीचे खड़े होकर एकदम ऊपर की ओर देखो तो सूरज न दिखाई दे।" ('बलि')

क्वार की एक शाम को पान की दुकान पर दो युवक मिले। आकाश साफ, नीला और खुशनुमा था और हवा आने वाले मौसम की स्थिति में चंचल। ('हत्यारे')

पर इस समान-सी कहन में एक तात्त्विक अंतर है और वह यह कि स्वयं प्रकाश की टोन लोक-संपृक्त है और अमरकांत की कस्बाई। यह अंतर कथ्य के, समय और समाज का भी है। 'हत्यारे' में नेहरू युग से मोहभंग का समय है तो बलि में उदारीकरण के 'दौरे' का! अत: अपने समय में विशेष हालात में पहुँचा या पहुँचाया हुआ व्यक्ति। समाज किस प्रकार स्थितियों का शिकार होता है—'बलि' कहानी इसे पूरी तरलता के साथ सामने लाती है। कहानी की बुनावट स्त्री-पात्रों के इर्दगिर्द है। पुरुषों में मामी का पति (साहब) मध्यवर्गीय उपस्थिति दर्ज करने की तरह आता है तो लड़की का पिता और पति निकम्मे, स्वार्थी, शराबी होकर लंपट—सर्वहारा की भूमिका में हैं। इनकी जीवन-डोर भी औरत के श्रम से बँधी है—"अब रुपये थे और भस्मासुरी इच्छाएँ। मरद दिनभर साहब लोगों के पीछे-पीछे कुत्तों की तरह घूमते थे और हर रात दारू में धुत्त नज़र आते थे। खेत पड़े रहते थे उपेक्षित। महिलाएँ जो जितना कर पाती थीं, उसी से घर चलता था।" (इसी कहानी से) "यदि नदी में मछली थी, पेड़ पर फल, आसमान में परिंदा और धरती में जड़...तो ज़रूर उनकी भी कोई कीमत होगी। सोचना ज़रूरी था कि क्या...।" (इसी कहानी से)

अर्थात इस धरती का सब कुछ 'वस्तु' में बदल गया था...आदमी भी। 'यहीं और इसी समय में थी लड़की।' यही लड़की 'बलि' बनती है। बलि के लिए देवता हैं–उस गाँव में 'पतलून पहने पहुँचा आदमी...' जूते पहने बच्चे और सिनेमा के परदे से मानों निकलकर आई हों ऐसी औरतें–जिनके साथ ही अपने अभावों के बीच भी 'सुखी जीवन जीते गाँव में दूसरे रास्ते से दबे पाँव दरिद्रता घुस आई। यह दरिद्रता अभाव की नहीं भाव की है। इनके आ पहुँचने पर प्रकृति कुछ दिन में जैसे थक गई (प्राकृतिक दोहन)।' घर-घर मारामारी शुरू हो गई। अब रुपये थे और भस्मासुरी इच्छाएँ।

ये इच्छाएँ लड़की (और गाँव) में 'सभ्य' बनने की ललक जगाती हैं और लड़की धीरे-धीरे अपने गाँव से कटती हुई अजनबी हो उठती है। लड़की को अपना परिवेश सूना, सायँ-सायँ, बूढ़ा और गंदा लगने लगता है, जैसा कि उसके देवताओं को लगता है। गाँव वालों अर्थात उसके पिता आदि में भी बदलाव आया–"उन्हें हर दिन नए सिरे से पता चलता था कि उनसे बड़ा मूर्ख दुनिया में दूसरा नहीं। हर दिन बताया जा रहा था कि जो आदमी होकर भी काईयाँ नहीं हुआ उसका तो जन्म ही अकारथ है, जीवन ही एक तरह से अवैध है। (इसी कहानी से)

स्मरण आता है कि ईस्ट इंडिया कंपनी के नाम से भारत में घुसे अंग्रेजी साम्राज्यवाद ने भी देशी संसाधनों का निर्मम दोहन करते हुए भारतीयों को 'इंडियन' (असभ्य, जंगली) माना था और इन्हें सभ्य बनाने के लिए लॉर्ड मैकाले ने नीति बनाई थी। तो लड़की ने ममि (मम्मी) जैसा बनना सीखा और मन में उठते प्रश्नों को स्थगित करना भी। यह एक प्रकार का कायांतरण है। वैसा ही जैसा हजारों लाखों हिंदोस्तानियों का हुआ और अब यह संख्या करोड़ से ऊपर पहुँच रही है। हमारे मध्य और उच्चवर्ग का साध्य

और स्वप्न अमरीका बन गया है। क्या हम 'बलि' होने की तैयारी में हैं? दास-भाव सुविधाओं के साथ भी पनपता है।

समझना आवश्यक है कि स्वयं प्रकाश कहानी के लिए कहानी नहीं लिखते क्योंकि वह प्रतिबद्ध रचनाकार हैं। प्रतिबद्ध हैं समाज और व्यवस्था में सार्थक परिवर्तन के हामी विचार के प्रति। आज जबकि साम्यवादी व्यवस्था कहीं खंडित, कहीं परिवर्तित दिखाई पड़ रही है तब भी विचार पर उनका विश्वास अविचल है। अत: 'बलि' कहानी अपने आसपास को गौर से देखने, स्थितियों और प्रभावों के ऐतिहासिक संदर्भों के तहत विश्लेषण से बनी है। एक गहरी संवेदना है जो देखी-सुनी और गुनी चीज़ों को एक क्रम में रखती है जो सहज ही कहानी बन अपने व्यापक आशय में उद्घाटित होती है। यह इलीट आधुनिकता के विज्ञापनी, बड़बोले दायरे से बाहर की कहानी है। स्वयं प्रकाश का मानना है कि–"पूँजीवाद स्त्री को पण्यवस्तु बनाता है। लेकिन वह स्त्री मे पण्यवस्तु बनने की ललक और गर्व भी पैदा करता है।" 'बलि' की लड़की भी इसी रास्ते से आत्महत्या तक पहुँचती है। इसीलिए कहानी प्रचलित 'स्त्री विमर्श' के साँचे में भी नहीं समाती। यूँ अपने कथ्य में यह किसी हेर-फेर के साथ भी कहानी बन जाती पर जहाँ और जिस तरह इसका आरंभ हुआ है उसका अंत वही है जो लेखक की विचार मथनी में मथकर बाहर आया है। पाठक भी कहानी या कथावृत्त के साथ क्रमश: उसी आशंका की ओर बढ़ता है। सामयिक और ऐतिहासिक यथार्थ भी यही है। एक स्थान पर लेखक ने कहा है–"मैं नहीं जानता कि स्त्रियाँ किस तरह सोचती हैं लेकिन मैं यदि स्त्री होता तो सोचता कि सारी गालियाँ मर्दवादी ही क्यों होती हैं? अपना आक्रोश, अपना फट पड़ता गुस्सा प्रकट करने के लिए स्त्रियों के पास अपनी अलग गालियाँ क्यों नहीं हैं।" (एक कहानीकार की नोटबुक से)

अपने अनिश्चित भविष्य और निश्चित नियति के लिए रात के अँधेरे में पति के साथ बैलगाड़ी में लादी गई लड़की के लिए कहानी की ये पंक्तियाँ कदाचित पूरे जीवन की अनुगूँज हैं–"वह रो रही थी अपनी साइकिल के लिए...अपने कपड़ों-सैंडल के लिए...ब्रा-पेंटी के लिए...साड़ी-तौलिए के लिए...साबुन-शैंपू के लिए...साहब-मम्मी के लिए...अपनी खोई हुई आज़ादी के लिए...रामेश्वर के लिए...अपने अस्तित्व के लिए...अपनी असहायता–निरुपायता के लिए...अपने नारी जन्म के लिए।" (कहानी से)

यहाँ मैं गोस्वामी तुलसीदास की चौपाई उद्धृत नहीं करूँगा पर अपने और कहानी के पाठकों से उतना अवश्य पूछूँगा कि क्या आपने 'बलि' के लिए ले जाते हुए भयभीत बकरे की आँखें देखी हैं? उस संवेदना के निकट पहुँचने पर 'बलि' कहानी और अधिक महसूस की जा सकती है।

पूत ! पूत ! पूत !–जाति में समाती राजनीति

प्रेमपाल शर्मा

संजीव के कथा साहित्य से गुज़रना हमेशा सुखद और रोमांच पैदा करता है। कहानियों की विविधता के लिए, उसमें देश के हर हिस्से की खुशबू, यातना, संत्रास के लिए, और इन सबके साथ-साथ अद्भुत पठनीयता के लिए। कोई सानी नहीं संजीव का। पिछले 30-35 साल में इस देश के विशाल भू-भाग और विविध संस्कृति की तरह ही उतने ही परिमाण में उपन्यास और कहानियाँ लिखी हैं। दरअसल जो उनका जीवन है और जिस समाज को बदलने के लिए वे लिखते हैं वह है ही इतना वैविध्यपूर्ण और चुनौती भरा। और एक पाठक को चाहिए क्या? हर कहानी में एक नई दुनिया, एक नया दर्द, एक नई समस्या। सही मायने में कहा जाए तो कम-से-कम आपातकाल के बाद के भारत की हर तस्वीर संजीव की कहानियों में देखी जा सकती है। बिलकुल उसी अंदाज में जैसे प्रेमचंद, आज़ादी से पहले के भारत को जानने के लिए। 1980 में आई थी 'अपराध' सारिका कथा-प्रतियोगिता में प्रथम आई थी यह कहानी। नक्सलवाद पर जितने पन्ने रंगे गए हैं, अकेली यह कहानी उस सब पर भारी पड़ती है। असमानता, भ्रष्टाचार भाई-भतीजावाद कैसे डॉक्टरी पढ़ रहे युवक-युवतियों को इसे मिटाने के लिए हथियार उठाने के लिए विवश करता है और तंत्र उसे 'नक्सलवाद' का नाम देता है। उसी की अगली कड़ी थी संजीव की दूसरी कहानी 'ऑपरेशन जोनाकी' अनिमेष दा एक पुलिस के अफसर हैं। लेकिन

किन स्थितियों में उन्हें काम करना पड़ता है कहानी उसी पक्ष को उद्घाटित करती है। सच बोलने की वजह से उनके बेटे का अपहरण कर लिया गया। रह-रहकर जब भी वे किसी नौजवान नक्सली से मुखातिब होते हैं अपने बेटे का बिंब दिखाई देता है। क्या दिल्ली में बैठे सेमिनारिस्ट नक्सलवाद से जूझते अनिमेष दा की दुविधा–दर्द को समझ सकते हैं?

वैसे तो संजीव का पूरा कथा-संसार ही भारत के गाँव में चल रहे जातिवाद, भ्रष्टाचार, सामंतवाद के ख़िलाफ़ सबसे खरी और प्रमाणित आवाज़ है। लेकिन पूत! पूत! पूत! कहानी गाँवों में चल और पल रही राजनीति में और गहरे उतरती है।

संजीव कुलटी, बंगाल में ज़रूर रहे लेकिन बिहार, उत्तर प्रदेश के गाँव की एक-एक सिलवट को जानते-पहचानते हैं। परशुरामपुर और पड़ोस के गाँव छानी का एक-एक चरित्र कहानी में सामने आता है। भारत की एक सबसे बड़ी बुराई यदि कही जाए तो वह शायद बजबजाता जातिवाद है जो साठ साल के बाद खत्म होने के बजाए और भी बड़ा दानव बनकर उभरा है। पूत! पूत! पूत! कहानी बताती है कि जाति ही सचमुच आज़ादी के बाद की राजनीति की जगह ले चुकी है। गरीब, दलितों को चाहिए आत्मसम्मान के साथ जीने का अधिकार और ऊँची दबंग जातियों का मिथ्या आडंबर यह बरदाश्त नहीं कर पाता। आज़ादी के बाद इस देश के अंतिम नागरिक को भले ही रोटी न मिली हो वोट के अधिकार से बराबरी का सपना तो मिला ही है। जब यह गरीब अपने अधिकारों के लिए सिर उठाते हैं तो उसे कुचलने के लिए वीर सेना बनाई जाती है। बिहार की जमीन पर इन सेनाओं के बारे में हम अख़बारों में पढ़ते तो रहे हैं लेकिन ब्रह्मानंद, अभयानंद सरीखे कैसे इसे साधते हैं पूत! पूत! पूत! कहानी इसका बहुत सुंदर दस्तावेज है।

आज़ादी आई, कुछ-कुछ भूमि सुधार का नाटक भी हुआ लेकिन जमीनी स्तर पर कुछ नहीं बदला। आज़ादी के बाद भी, देश के हजारों लाखों गाँवों की तरह ही गाँव की ज़्यादातर जमीन भी अभयानंद शर्मा, शिवशंकर सिंह, अखोरी साह और राजा के मुनीम जमनालाल जी के परिवारों के पास रही। अभयानंद जी के पास दो सौ अड़सठ एकड़, शिवशंकर सिंह के पास एक सौ बहत्तर एकड़, अखोरी साह के पास सत्तर एकड़ और जमनालाल जी के पास अस्सी एकड़। बाकी किसी के पास दस, किसी के पास पाँच बीघे, किसी के पास इससे भी कम, ज़्यादातर जमीन सवर्णों के पास है, मगर गिने-चुने सवर्णों के पास ही, ज़्यादातर सवर्णों के पास बस नाममात्र की ही जमीन है। नान्ह जातियों में से ज़्यादातर भूमिहीन थे। इधर बाहर की कमाई से कुछ ने जमीनें खरीदी हैं।

संजीव की ख़ासियत है कि जाति व्यवस्था के विरोधी होते हुए भी सवर्ण या दलित किसी खेमे का अंधानुकरण नहीं करते। अन्याय, शोषण का शिकार सिर्फ़ गरीब, दलित ही नहीं सवर्ण भी दर-दर की ठोकरें खा रहे हैं। रिक्शा चला रहे हैं, मजदूरी कर रहे हैं। बस अंतर इतना है कि जहाँ नान्ह जाति के मुसहर घर के आसपास रिक्शा चला सकते हैं, मजदूरी कर सकते हैं, बामन-बनिये अपना नाम छुपाकर शहरों में काम कर रहे हैं। रामेश्वर शर्मा गाँव में रिक्शा चलाना चाहते हैं मगर अभ्यानंद जी के दामाद से ऐसा अपमानित हुआ कि गाँव छोड़ दिया।

मगर बाकी लोग रामेश्वर शर्मा नहीं थे। वे नान्ह जाति के सुरहू विश्वकर्मा की तरह न तो लोहा पीटा सकते थे, न छोटन, पलटू, इनामुल और रजाक की तरह रिक्शा-इक्का चला सकते थे, न शिवपूजन चौधरी, काले पंडित, लच्छन यादव और मुसहर टोली के लोगों की तरह मजूरी कर सकते थे। जाति की जकड़न का आलम यह कि दुसाध भी चमारों का छुआ और

चमार भी मुसहरों का छुआ पानी नहीं पीते। अहीरों, कुर्मियों आदि ने जनेऊ धारण किया तो उन्हें लगा सत्ता का किला फतह कर डाला, दूसरी ओर सवर्णों को लगा कि सत्ता उनके हाथ से छिन रही है। लच्छन यादव के बाबा को इसी अपराध के चलते जान गँवानी पड़ी। बाद में कोइरी, लोहारों, कुम्हारों ने ही नहीं, दुसाधों ने भी जनेऊ धारण कर लिए। उपाधियाँ भी हथिया लीं। सवर्णों ने अन्ततः इस प्रत्यक्ष संघर्ष से यह कहकर हाथ खींच लिया कि सिंह की खाल ओढ़ लेने से गदहे सिंह नहीं हो जाते।

सही मायनों में समाजशास्त्री कहलाने का हकदार लेखक ही होता है और उसमें भी संजीव जैसा कथाकार, उपन्यासकार। हिंदी पट्टी में व्याप्त बेरोज़गारी की स्थितियों का पूरा बयान इन विवरणों से जाना जा सकता है।

'मुक्ति सेना' हो या 'वीर सेना' जाति का शिकंजा यहाँ भी पीछा नहीं छोड़ता। परशुरामपुर अभिशप्त गाँव है। पुरानी नौकरियों को अगर छोड़ दें तो आठ-दस को छोड़कर बरसों से किसी को नौकरी नहीं मिली। लड़के मैट्रिक, इंटर या ग्रेजुएशन जैसे-तैसे करके सरकारी दफ्तरों, सेठों, दलालों और फैक्टरियों की खाक छानकर घर लौट आते हैं, कुछ उसी मृगतृष्णा में भटक-भटककर दम तोड़ देते हैं। पिछले साल नान्ह टोली का एक लड़का, एक लड़की सफाई कर्मचारी में, चाम टोली के तीन लड़के पुलिस में और अभयानंद जी का दामाद तथा बेटा आई. ए. एस कर गए वह भी बोकारो होते हुए दिल्ली जाकर। सफलता के नाम पर कुल जमा यही किस्से हैं ले-देकर चुभलाने के लिए। बाकी गाँव के सभी जवान भार हैं। हर साल बेरोज़गारों की एक नई फौज तैयार हो जाती है। समाज की सबसे संभावनाशील पीढ़ी यूँ ही खत्म हो रही है। मरीचिका में भटकने वाले दल के लोग पटना, झरिया, धनबाद, रानीगंज, असम, बम्बई और दिल्ली आदि में तस्करी से लेकर रंगदारी, वसूली और पत्रकारिता आदि में

सिर घुसाने की कोशिश में लगे हैं। विश्वमोहन इसी वर्ग से आता है। जब कहीं कुछ भी रोज़गार नहीं मिलता दिखा तो थक-हारकार शहर के ही एक नए अख़बार 'दिवस प्रभा' के लिए रिपोर्टिंग का काम करने लगा। पहले स्वयंसेवक की तरह महीनों काम करता रहा। फिर कुछ पैसे मिलने लगे, हालाँकि ये पैसे मेरी रिपोर्टिंग के नहीं, उन विज्ञापनों के कमीशन की एवज में मिलते थे जिन्हें 'दिवस प्रभा' के लिए जुगाड़ कर पाता।

गाँव और शहर के इन दोनों सिरों के बीच विश्वमोहन की आत्मा क्षत-विक्षत रोज़ होती है। नायक विश्वमोहन शर्मा को 'वीर सेना' झिंझोड़ रही है–"तुम बात करोगे जाति-विहीनता का, तुम? तुम्हारे जितने भी इंटेलेक्चुअल्स थे, सब इसी हवा में थे–जाति-विहीन, वर्ण-विहीन और वो क्या कि वर्ग-विहीन समाज। जब से गाँडी में सींग डाल के अमरीका उलट दिया एक-एक कम्युनिस्ट देश को, सबका हवा निकल गया। जैसे-जैसे दबाव बढ़ा, सब बाघ चूहा बनकर जा समाया अपना-अपना जात का बिल में। काहें समा गए...? इसलिए की ऊ सब बाघ था ही नहीं! बाघ कोई बन भी नहीं सकता जाति के मामले में, तुम क्या अहमक की तरह बात करते हो जाति–विहीनता का? समझते, हो, ये तुम्हारे जितने भी कॉमरेड हैं उनका जात नहीं है, सभे का है। जात का बाहर जो गया हराम हुआ, हिंदू-मुसलमान नहीं।"

"सोलह आने खाँटी प्रश्न किया है आपने प्रोफ़ेसर साहब," अभयानंदजी ने बोलने वाले को प्रशंसा से सेंका, "तो समझे बेटा, बेटियाँ अपनी ही जात में जाती हैं, रिश्ते-नाते सब अपनी ही जाति में बनते हैं तो 'भोट,' नौकरी, प्रमोशन और दूसरी चीज़ के बारे में कोई कैसे इनके स्वार्थों की ओर से आँख मूँद लेगा?"

"देखिए, जहाँ तक रेप, लूट और नाजायज़ कब्जे की बात है तो वह तो दबंग लोग ही करते हैं, चाहे वे किसी भी जाति के हों। एक ही जाति

के लोगों ने भी अपनी जाति के लोगों तक को नहीं बख्शा है।" अभ्यानंद जी विश्वमोहन को अपनी वीर सेना में शामिल करना चाहते हैं। कथाकार संजीव की एक बहुत बड़ी विशेषता है कि अपनी भाषा, बोली के शब्दों के सहारे कथा के पूरे परिवेश को जिंदा कर देना। ढनमनाए बरतन, गुड़ की भेली, चिचिया कर हरपेट कर पढ़कर लगता है कि वाक़ई अपनी धरती के जीवित चरित्र बोल रहे हैं। अफ़सोस यही है कि हिंदी भाषा को समृद्ध करने वाली ये बोलियाँ, शब्द-भंडार, अंग्रेजी के बढ़ते आतंक में गायब हो रहे हैं और जिस रफ्तार से अंग्रेजी बढ़ रही है उसी रफ्तार से संजीव जैसे कथाकार गायब हो रहे हैं। पूत! पूत! पूत! कहानी अपने आप में एक पूरे उपन्यास को समेटे हुए है इसलिए कुछ लम्बी खिंच गई है। थोड़ी छोटी होती तो इसे भी उनकी सर्वश्रेष्ठ कहानियों 'अपराध', 'मानपत्र', 'ज्वार', 'ऑपरेशन जोनाकी' के समकक्ष रखा जा सकता था।

जल-प्रांतर–सहज जीवन की संश्लिष्ट करुणा

गौरीनाथ

'जल-प्रांतर' की पहली पंक्ति है, "दूर से मंदिर दिखाई देता था।" फ़िल्म की भाषा में लौंग शॉट का जो इमेज बनता है, लगभग उसी तरह दूर से दिखता है मंदिर। सिर्फ़ मंदिर, लगभग पहचान हीन। उत्सुकता और जिज्ञासा बढ़ती है। फिर शॉट जैसे-जैसे क्लोज होता जाता है डिटेल्स सामने आने लगती हैं, पहचान और परिवेश अपनी स्थानीय विशिष्टता के साथ रूप ग्रहण करने लगते हैं–"चारों तरफ़ फैले अछोर पानी के बीच घिरा शिव मंदिर।" फिर हालात के साथ उसका मानवीकरण–"पानी के बीच घिरा मंदिर अनाथ बच्चे-सा निर्जन में खड़ा था। डरा और निरुपाय।" यहाँ कथाकार बहुत ही इत्मीनान के साथ पहचान हीन मंदिर की पहचान 'शिव मंदिर' के रूप में देकर पाठक की पहली जिज्ञासा का शमन ज़रूर करता है, लेकिन ऐसा करके उसको निश्चित नहीं होने देता बल्कि "अनाथ बच्चे-सा निर्जन में खड़ा" के साथ ही "डरा और निरुपाय" बताकर एक बड़ी चिंता के साथ साझीदार बजाने की शुरुआत करता है।

इस कहानी के लेखक अरुण प्रकाश को जो क़रीब से जानते हैं उन्हें पता होगा कि आप उनसे कुछ मिनट के लिए मिलने गए और घंटों कैसे निकल गए इसका अहसास भी नहीं होता था। वे आपको कुछ-न-कुछ सिखलाते-पिलाते, घर-परिवार, गाँव-जबार, बाल-बच्चे, रंग-गंध, गीत-कथा सबसे बावस्ता होते-करते कब अपना दोस्त और साझीदार बना लेते थे इसका

पता नहीं चलता था। यह स्थिति उनकी कहानियों में भी अकसर बनती है। 'जल-प्रांतर' में उन्होंने बहुत ही सावधानी से और दृष्टि संपन्नता के साथ यह सब किया है। शिव के बारे में आम धारणा है कि वह औघड़दानी, मस्त-मलंग और निडर किस्म के देवता हैं लेकिन कथाकार इसके उलट "अनाथ बच्चे-सा निर्जन में खड़ा...डरा और निरूपाय" बताकर शिव को सामान्य जन के क़रीब का पात्र या चरित्र बनाने की कोशिश करता है। मंदिर के साथ रूढ़ हो चले 'जलता दीया' और 'घंटे की ध्वनि' जैसे रूपक यहाँ नहीं दिखते। कीचड़-पानी में लथपथ उबते-डूबते लोगों की वास्तविक तकलीफ़ों से जुड़े रूपक और बिंब ही अरुण प्रकाश को प्रिय रहे और उन्हीं उपादानों की नींव पर खड़ी है 'जल-प्रांतर' की दीवार। इसलिए यहाँ मंदिर और उसके भीतर के शिव को लेखक अपने समय के सवालों से जोड़कर देखाने की कोशिश करते हैं। दरअसल धार्मिक आस्था का यह प्रतीक (मंदिर) आज जिस उग्रता और आक्रामकता का शरणस्थल बन अपनी प्रासंगिकता खो चुका है, उसके पीछे उसकी ऐसी ही निरूपायता है। अब वह किसी सामूहिक हार्दिकता और लोकमंगल कामना का स्थल नहीं रहा। आस्था दरक चुकी है। 'माटी पानी में लगातार कटाव की वजह' से सिर्फ़ बाढ़ ही नहीं आती, विनाश की एक आंतरिक प्रक्रिया के दौरान भूखे-नंगे निरक्षर जन-समुदाय के भीतर भी काफ़ी टूटते-जुड़ते और बदलते जाते हैं। समतल-सी भूमि को बाढ़ का पानी काटकर कहीं गढ्ढा कर देता तो कहीं टीलेनुमा बालू का बुर्ज बना देता है। पंडित वासुदेव की मौत एक परिघटना है। पहाड़ी थान के उस मंदिर परिसर की स्थितियों-परिस्थितियों के परित: पंडित वासुदेव की आस्था का वितान और उसके जिद्दी चरित्र को प्याज के छिलके की तरह खोलने की प्रक्रिया भारतीय-धार्मिक जातिवादी समाज के संस्तरों, उसके विभिन्न रूपों को परत-दर-परत उघारने-खोलने की तरह

है। तमाम संश्लिष्ट बातों-व्यवहारों को सहज ढंग से आरेखित–विश्लेषित करने के कथात्मक प्रयास की तरह।

इस कहानी का केंद्रीय चरित्र पंडित वासुदेव जिद्दी आस्था का प्रतीक बनकर उभरता है। मगर इस चरित्र के निरुपण में कहीं भी लेखक का पूर्वाग्रह नहीं झलकता। संपूर्ण संवेदना और तल्लीनता के साथ इस पात्र का चित्रण हुआ है जहाँ मानवीय करुणा अपने उच्चतर मूल्यों के साथ खड़ी दिखती है। आपदा भयानक है, लेकिन मानवीय मूल्य के प्रति लेखक की सजगता क़ायम। बाढ़ की विभीषिका देखिए–"बहुत मरे। जानवर, शिशु, चूहे, बिल्लियाँ। कुत्ते, आदमी को सूँघते साथ-साथ भागे थे। अचानक पानी ही सब कुछ हो गया था–सरकार, ताक़त, दया, क्रोध...। भागते लोग सिर्फ़ पत्ते की तरह बन सकते थे। राहत के लिए थकी पलकों को ऊपर उठाकर देख सकते थे कि कोई हेलिकॉप्टर आए और बासी रोटी और प्याज का पैकेट गिरा दे। गहरे जल में गिरे पेड़ अपनी टहनियों से घायल तने को सहलाने की कोशिश करते। गिद्ध उड़ते रहते और कहीं मवेशी की तैरती लाश पर उतर आते। मजे में लाश को चुगते गिद्ध लाश के साथ ही बहते जाते।" पंडित वासुदेव जिस पहाड़ी थान घाट के शिव मंदिर में रहता था वह पूरी तरह बाढ़ की चपेट में आ चुका था। वहाँ के उसके सारे पड़ोसी, रहवासी, दुकानदार सब-के-सब भाग चुके। पंडित–पुत्र संतोष पंडिताइन समझाने के लाख प्रयत्न करके थक गए, लेकिन वह टस-से-मस नहीं हुआ। आख़िर जब संतोष उल्टियाँ करके बीमार-बदहवास हो गया तो भी पंडितजी माँ-बेटे को ही रेलवे लाइन पर छोड़, ख़ुद मंदिर में रहना उन्हें मुनासिब लगा। धार्मिक आस्था के प्रति वह हद दर्जे का जिद्दी था। इस आस्था के चलते वह इस हद तक अंधा हो चुका था कि उसका अपना विवेक मर चुका था। दूसरे की नेक सलाह उसको ग़लत लगती थी अपनी

आस्था के सामने। "मंदिर के द्वार पर बैठे देखते रहते और घृणा से सिहरते रहते। किससे क्या कहते उस निर्जन में? पानी ने सबको बेदखल कर दिया था।" जहाँ तर्क की गुंजाइश नहीं होती, वैसी आस्था जिद पर ही पलती है और उसका परिवार 'घृणा' और विनाशक परिघटनाओं में ही फलित होता है। पंडित के साथ मंदिर के भीतर घटित परिघटनाओं के विवरण पर ध्यान देने पर यह बात अच्छी तरह खुलती है। संकट में, जब साँपों का आक्रमण बढ़ता है, तब पंडित को क्रोध से झनझनाती पंडिताइन की आवाज़ स्कूल के घंटे की तरह सुनाई देने लगती है। लेकिन एक उम्र का अनुभव हासिल कर लेने के बावज़ूद बच्चे की तरह चौकन्ने पंडित वासुदेव इसलिए हैं कि आस्था ने उसको अंधा कर दिया था। वह देखता है 'चंडी बनी पंडिताइन' को और उसकी आवाज़ 'स्कूल के घंटे की तरह' सुनता भी है कि 'कोई काम नई देत!' मगर उन्हें अपने 'शिव और गंगा माँ' पर ज़्यादा विश्वास है। पंडिताइन अधार्मिक या नास्तिक नहीं है, लेकिन वह चीज़ों को समझने के मामले में तार्किक है–एक तरह से यथार्थ के निकट वह सहज स्त्री है और प्रकृति को भी बेहतर ढंग से देखती-समझती है इसलिए ही कह पाती है कि–"भगवान रच्छा करते तो परलय होता?...सबकुछ बह गया, ई गाँव का गाँव मसान बन गया। कौन भगत आएगा जो चढ़ौना के लिए पड़ल रहेंगे?" मगर आस्था के आगे तर्कहीन पंडित कहाँ मानने वाला, "शिव-शिव कहो टभकावाली! सब दिन भगवान ने ही परसाद भेजा आज बाढ़ की विपत्ति आई तो भगवान को छोड़ के भाग जाऊँ?"

धर्म-कर्म से जुड़ा घाट-मंदिर वाला सिमरिया परिक्षेत्र गंगा नहाने वालों का बड़ा केंद्र रहा है। कई मामलों में इस घाट से आप बिहार की नब्ज परख सकते हैं। यहाँ ख़ासकर कार्तिक महीने में धार्मिक आस्था वाले बहुत सारे लोग (हिंदू) महीने भर के लिए घटवास करने आते हैं

पुण्य-लाभ हेतु। घर से रूपये, कपड़े स्वाद्यान्न, बर्तन आदि लाकर घाट के किनारे छोटी-छोटी झुग्गी डालकर महीने भर वहाँ रहकर खुद पाक बनाकर खाते और गंगा-स्नान-पूजा करते। एक बड़ा मेला-सा लगता लगभग पूरे बिहार के नमुने इस मेले में अपने तमाम धार्मिक रूपों के प्रदर्शन करते मिल जाएँगे। लेकिन उस धर्म-कर्म के धंधे के साथ सिर्फ़ पुरोहित-पंडों का व्यवसाय नहीं चलता। कई छोटे-छोटे और कुछ मझौले व्यवसायी भी होते हैं और उनका समाज भी होता।...वह इतर समाज 'आस्था' के व्यवसाय पर रोज़ी ज़रूर चलाता, मगर उस नज़रिए के प्रति वैसा आग्रही नहीं होता है जैसा इस कहानी का पंडित है। कहानीकार के शब्दों में–"जब पहाड़ी घाट की तीन सीढ़ियाँ पानी में डूबने से बची थीं तो घाट पर बनी फूस की दुकाने हटने लगीं। राम साह की मिठाई की दुकान, सीत्तो मल्लाह की पान-बीड़ी की दुकान और परभुआ की चाय की दुकान तीनों उठ गईं। बैलगाड़ी लदे छप्परों और सामानों को जाते देख पंडिताइन दुख से ठगी रह गई। सब दुकानवाले ही उनके पड़ोसी थे। रात-बिरात सुख-दुःख में काम आने वाले, फ़ुरसत में गपियाने वाले। रमेसर, परभुआ चायवाले के भाई ने पंडिताइन को टोक दिया–"अब्ब ई घाट भी नहीं बचेगा चाची। चचा से कहिए कि कल मंदिर से हट जाएँ। ऊपर से पानी, नीचे से पानी। कह दिन घाट बचेगा? ई संतोष तो आज भी जाने को राज़ी है।"

पंडिताइन ने उसाँस भरी–"संतोष की बात कौन मानेगा बेटा? पंडिज्जी कहेंगे तभी न!" और निर्णय लेने का अधिकारी (पुरुष) अलग ही चिंता में डूबा हुआ है–"क्या हो गया है सबको? माँ, बाप, रिश्ता, संबंध पर से विश्वास टूटे तो समझ में आता है कि लोग स्वार्थी होते जा रहे हैं। पर ई टभकावाली, जो सब दिन बम भोला का दिया खाती रही है, उसे भी भगवान पर से

विश्वास उठ गया है। कहती है, कोई काम नहीं देगा, गंगा की बाढ़ सबको अपने में समा लेगी। शिव जी भी काम नहीं आएँगे। पहाड़ी बाबा काम नहीं आएँगे? कौन-सा युग चल रहा है–कलियुग! क्या यह अविश्वास और शंका का ही युग है।" बाढ़ में गाछ-वृक्ष, खेत-खलिहान, इनसान और जानवर सब डूब-मर रहे हैं...एक बहुत बड़ा प्रांतर कटाव का शिकार हो रहा है, लेकिन पंडित वासुदेव को चिंता 'आस्था' के कटाव की हो रही है–"शिव ने सब कुछ दे दिया। मंदिर के पुजारी बने, घर गृहस्थी बस गई। पत्नी, बेटा, समाज में प्रतिष्ठा, कुछ भी लालसा बची नहीं रही। कोई और करते तो भी, पूजा तो करते ही। अब कोई काम नहीं करते हैं, सिर्फ़ पूजा करते हैं और उसी मंदिर के चढ़ावे से घर-परिवार चल जाता है। कैसे विश्वास करें कि भगवान भक्त के लिए कुछ भी नहीं करते। बाढ़ में मिट्टी कट रही है, विश्वास दरक जाएगा, क्या 'आस्था' भी कटाव को नहीं झेल पाएगी?"

प्रसिद्ध आलोचक चन्द्रेश्वर कर्ण ने इस कहानी की पड़ताल करते हुए मार्के की बात कही थी–"पंडित वासुदेव का जिद्दीपन और धार्मिक कट्टरता खीज पैदा करती है। लेकिन उनकी अकाल मृत्यु मानवीय संवेदना को झकझोर जाती है, विगलित करती है। जिद्दीपन और धार्मिक कट्टरपन गलकर करुणा में पर्यवसित हो जाता है। यह पर्यवसन अकारण नहीं होता। कहानी जहाँ अंतिम थाप देती है। वहाँ तक पहुँचने में कहानीकार ने कोई जल्दबाजी नहीं दिखलाई है। आश्वस्त होकर वहाँ तक पहुँचा है। महत्त्वपूर्ण तो यह है कि कहानी सपाटपन में समाप्त नहीं होती। ऐसा होता तो वह प्रभाव नहीं छोड़ पाती, जो छोड़ गई है। इसमें मानवीय संवेदना के कितने ही भँवर उठते हैं जिससे कहानी अधिक संश्लिष्ट हो जाती है।"

इस कहानी का एक पात्र अभय कंपाउण्डर पंडित जी को समझाते हुए कहता है–"पंडिज्जी, छोटा मुँह बड़ी बात। ई साँप-बिच्छु का कोई

भरोसा है? इसका तो सुभाव काटने का है, काटबे करेगा। चलिए नाव पर बैठिए।"

तो अपनी जिद पर अड़ा पंडित आत्मविश्वास से भरकर कहता है– "संसार में सारे जीव रहते हैं। मैं भी भक्त, नाग देवता भी शिवभक्त एक-दूसरे को नहीं काटते-मारते।" हम अपने देश के इतिहास में झाँक कर देख सकते हैं कि भक्तों ने एक-दूसरे को कितनी-कितनी बार और किस हद तक काटा-मारा है। ऐसी अंध-आस्था पर कहानीकार ने जल-प्रांतर के एक पात्र रामबालक के माध्यम से कहा है–"गंगा धार्मिक श्रद्धालुओं के लिए माँ है। हम तुम उसकी बाढ़ की कोड़े की मार सालभर सहलाते रहते हैं। काहे की माँ है यह गंगा, जिसकी कोख में बालू भरता जा रहा है। थोड़ा-सा पानी यह सह नहीं पाती, उलीच देती है। नहीं माँ होती है, तब, जब वह तुम्हें सींचे। यह सींचे भी कैसे, न बाँध हमने बनाए, न इसकी कोख के बालू को साफ़ किया बस गंगा माई-गंगा माई का जाप करने से मरने के बाद ही स्वर्ग मिलेगा। जब तक जीओगे, गंगा तुम्हारा जीवन नरक बना देगी। पंडितजी का अटल विश्वास है तुम नहीं हिला सकोगे। प्रकृति, परिस्थिति या विज्ञान ही ऐसी अंधी आस्थाओं को हिला सकते हैं। गंगा को लेकर शानदार नाटक हो रहा है। यहाँ हम लोग कटाव से घिरे हैं। सब कुछ तो कटता चला जा रहा है। पता नहीं कब तक कटाव चलता रहेगा।"

इस 'आस्था' के प्रतिफलन के तौर पर पंडित की मृत्यु के बाद उसके शरीर से आती दुर्गंध को दिखाकर कहानीकार ने इसका बेहतर प्रतीकात्मक अंत दिखाने का प्रयास किया है। जब पंडिताइन 'ला, हमर पाहुन कँ ला, पाउहुन!' का विलाप कर रही है और अवाक् संतोष दोनों हथेलियों से अपनी छाती दाबे उल्टियाँ कर रहा होता है, उस क्षण का विवरण देखें–"उसे तेज उल्टियाँ आ रही थीं जैसे लाश की दुर्गंध उसके

पोर-पोर में बस गई हो।" आशय यह कि आस्था की सड़ी लाश दुर्गंध और बीमारी ही देगी। बाढ़ जैसी सामान्य, तात्कालिक और हर साल जहाँ-वहाँ आने वाली प्राकृतिक आपदा पर सार्वकालिक महत्त्व की कहानी 'जल-प्रांतर' न मात्र अरुण प्रकाश की एक उत्कृष्ट रचना है, बल्कि इस विषय पर अब तक प्रकाशित मेरी नज़र से गुज़री तमाम कहानियों में सर्वाधिक महत्त्वपूर्ण, विशिष्ट और यादगार कहानी है। कहानी की प्रवाहमय भाषा, मैथिली और सिमरिया परिक्षेत्र की बोलियों के बघार के साथ चरित्रों की आंगिक-वाचिक भंगिमा भी अविस्मरणीय है।

नाटकीयता तो इसको और अधिक प्रभावशाली बना देती है। राहत के इंतजार में थककर तीसरे दिन हेलिकॉप्टर गुज़रने पर मुरारी महतो ने खड़े होकर झट से अपनी लुंगी उठा दी—"लो देखो सुपर घंट। साला घर्र-घर्र करता आता है, देखकर चला जाता है। अरे कितनी बार देखोगे कि हम कैसे डूबे हैं।" इसी तरह बेगूसराय रिलीफ सेंटर पर जिलाधिकारी और तथाकथित जनप्रतिनिधि नेतागण सत्तू आदि वाले राहत पैकेटों को इसलिए विवरण से रोके हुए थे कि उनमें नेताओं के नामों की पर्ची डाली जाए। लोग मर रहे थे और नेताओं को अपने नाम की पर्ची डलवाने की चिंता। वहाँ के हालात और संवाद में भी अनेक नाटकीय स्थितियाँ खुलती और खिलती हैं। सत्ता-शासन-प्रशासन और जन-जीवन के संबंधों-सरोकारों से गहरे स्तर पर जुड़ी बाढ़ की विभीषिका के स्तर 'जल-प्रांतर' में खुलते हैं और पाठकों की स्मृति में खुद जाते हैं। 'किछु ने रहल मोरा हाथ हे उधो' जैसी प्रातकाली हो या शिव की नचारी—'ओ शिव शंकर त्रिपुरारी/कोन विधि, हम निबहब हो, विपत पड़ल सिर भारी' एकदम अर्थ गर्भित है। और कथा में ये गीत अकारण नहीं बल्कि कथा-वस्तु की तरह प्रतीत होते हैं। 'जल-प्रांतर' के जीवन राग की तरह।

कब तक दागते रहोगे

चरण सिंह पथिक

शिवमूर्ति जी की कहानी पढ़ते वक्त मेरी स्मृतियों में 'तिरिया चरित्तर' को लेकर लोक में प्रचलित कई भदेस कहावतें तैरने लगी थीं कहावतें भी ऐसी-ऐसी कि मैं उन्हें यहाँ उद्धृत नहीं कर सकता, ताज्जुब ये भी है कि भारतीय समाज में धड़ल्ले से प्रयोग की जाने वाली गालियाँ भी स्त्री के नाज़ुक अंगों को लेकर रची गई हैं। 'तिरिया चरित्तर' पढ़ते वक्त मुझे हमारे आसपास की एक जवान विधवा का किस्सा याद आने लगा–जवान विधवा बहु की गदराई देह को भोगने के लिए उसका अस्सी वर्षीय ससुर जो गाँव का भूतपूर्व सरपंच होने के साथ-साथ गाँव का प्रमुख पटेल भी था रोज़ थ्री नॉट थ्री के कैप्सूल खाता और बहु को ढेर सारी नींद की गोलियाँ दवाई के नाम पर जबरन खिलाता। विधवा का जेठ भी कम घाघ नहीं था। पूछने पर कहता–"मजे-ही-मजे हैं। रात को जिस हाथ करवट लो उस हाथ लुगाई रहती है। राजा की तरह बीच में सोता हूँ।" बाप-बेटा में आए दिन उस औरत को लेकर घर के अंदर बहुत कुछ घटता। औरत को जब गाँव के एक जवान लड़के से इश्क हुआ तो उसे रंडी-छिनाल घोषित कर रात के अंधेरे में वजनी पत्थर बाँधकर किसी गहरे कुएँ में डालकर 'खानदान' के नाम पर अपनी नाक बचाई।

स्त्री को यूँ इस तरह भोगने की ये आदिम लालसा गाँव-शहर के हर बिसराम के अवचेतन-चेतन में मौजूद है। हमारे यहाँ यह कहावत बहुत

सारे पुरुष बड़ी बेशरमी से कहते हैं कि–'पाढ़ा पटेल और बिजार (गाय का सांड़) की खुल्ला होती है।' पाढ़ा, बिजार जब चाहे जिस खेत–बाड़े में घुसे, उन्हें भगाने का अधिकार किसी को नहीं है। पटेल जो चाहे करें उनकी दबंगता को चुनौती नहीं दी जा सकती। 'तिरिया चरित्तर' का बोधन हो या बिसराम गाँव के पटेल हैं। पटेलों की सत्ता आज भी गाँवों में थोड़े राजनीतिक फेरबदल के साथ मौजूद है। मनतोरिया की माई जैसी औरतों की क्या बिसात कि वे पुरुषों की पंचायत में बोल सकें।

भरी पंचायत में जब विमली अपने दागे जाने के फैसले को चुनौती देती हुई कहती है कि कोई उसे दाग के तो दिखाए। तब क्या कहानी वहीं खत्म हो जानी चाहिए थी...? लेकिन नहीं। शिवमूर्ति यहाँ यथार्थ के पीछे का यथार्थ दिखाने के लिए हमें फैंटेसी में नहीं ले जाते। बल्कि वे इस स्त्री विरोध की प्रतिक्रिया में पुरुषों के हिंसक अहम के मनोविज्ञान को चीरते हुए संवादों के जरिए अति-यथार्थ को दिखाते हैं। और हम (पाठक) सन्नाटे में डूबे कहानी के अंत में यही कहते हैं कि–'ऐसा कहीं होता है क्या?' लेकिन यहीं होता है। विमली किसी जानवर की तरह (पाढ़ा, बिजार) सार्वजनिक तौर पर दाग दी जाती है सार्वजनिक उपयोग के लिए। जरा कल्पना करें कि उसके बाद विमली का जीवन कैसे गुजरा होगा...?

लोकभाषा, लोक कहावतों और लोक गीतों को अपने वज़ूद में अंतरंगता से समाए 'तिरिया चरित्तर' पुरुष समाज की हिंसक-कामुक सत्ता के मनोविज्ञान की बेहतरीन कहानियों में से एक है। शिवमूर्ति की विशेषता है कि वो कहानी को विचार के अनावश्यक बोझ से कभी अपठनीय और बोझिल नहीं होने देते। संवादों के जरिए पूरे दृश्य को साकार करने की क्षमता आजकल की कहानियों में बहुत कम देखने को मिलती है। लेकिन शिवमूर्ति को इसमें महारत हासिल है। और ये महारत कोई अभ्यासी मात्र

नहीं है। इसके लिए जीवन के अँधेरे में जुनून की हद तक भटकने-समझने की क़ूवत शिवमूर्ति के यहाँ बखूबी मिलती है।

यहाँ कहानी को दोहराना (संक्षिप्त रूप में) उचित इसलिए नहीं लगता क्योंकि शिवमूर्ति की ये कहानी बहुपठित-बहुचर्चित है। कहानी की शुरुआत में हमें लगता है कि विमली डरेबर बाबू के लाए गए तोहफों के जाल में फँसेगी मगर यहाँ शिवमूर्ति पाठक को झटका देते हैं। विमली अपनी चारित्रिक दृढ़ता के सहारे इस लालच को सिरे से ख़ारिज कर देती है। छोटे-छोटे लोभ और लालच के जरिए स्त्री को अपनी कामुकता का शिकार बनाना तो सदियों से चला आ रहा है। और अगर ऐसे में कोई स्त्री गरीब या दलित है तो पुरुष उसे आसान शिकार मानकर सारे प्रपंच रचता है। वैसे ये कोई नई बात नहीं है। सदियों से यही होता आया है। फिर ऐसा क्या है कि इस कहानी को अलग से पढ़े जाने की बार-बार ज़रूरत महसूस की जाए। बदलते समय में विकास की अवधारणा भले ही बदलती रही हो। भले ही इनसान ने अपनी सुविधाओं और विलास के नए-नए अत्याधुनिक साधन ईजाद कर लिए हों मगर आज भी एक औरत हर जगह, हर वक्त चारागाह में बदले जाने की मारक प्रक्रिया से किसी-न-किसी रूप में अभिशप्त है। उसे एक उत्पाद में तब्दील किया जा रहा है। उसे माल समझा जाता है। शहर हो या गाँव किसी औरत या लड़की को देखते ही पुरुष के अवचेतन में यही जुमला विषधर की तरह सरसराता है कि 'क्या माल है यार!'

कहानी में आप बिसराम की यही मानसिकता देख सकते हैं। वह विमली का ससुर है। ससुर का दर्जा बाप के बराबर है। मगर बिसराम को यही सूझता है। वह आशंकित है कि उसके घर का माल पराए लोग कैसे खा सकते हैं, वह क्यों नहीं...? और वह विमली के तमाम विरोध के बावज़ूद छल-कपट से उसकी बेटी समान बहू की इज्जत तार-तार कर देता है।

ईट-भट्ठे पर काम करते वक्त भी हर पुरुष की नज़र विमली के जिस्म से चिपकी होती है। कोई ताज्जुब नहीं कि वे उसे सपने में भोग चुके हों। चाहे डरेबर बाबू हों या बिल्लर हो या कुइसा बोझया सब भेड़िये की तरह विमली को सूँघते हुए चलते हैं।

जिस माँ-बाप के लिए विमली दिन-रात बेटे की तरह खटती है वक्त आने पर वे विमली के लिए पराए जैसे हो जाते हैं। माँ बिल्लर के साथ उसे भेजने के लिए थोड़े से लालच में ये सोचते तैयार हो जाती है कि बिल्लर 'जुर्माना' चुका सकता है। राजस्थान में इसे 'झगड़ा' चुकाना कहते हैं। आपसी सहमति से तय की गई राशि जिसे लड़की की ससुराल वालों को अदा करना होता है। शिवमूर्ति यहाँ इस कहानी में ग्रामीण अंचल की हर रूढ़ि से पाठक को रूबरू कराते हैं। हर छोटी-मोटी आपसी अनबन या समस्या पर गाँवों में पंचायत बुलाना आज भी आम बात है। जैसा मुद्दा वैसी पंचायत। गाँव की। तीन गाँव की। बारह गाँव की। चौबीस की। और फिर चौरासी गाँव की पंचायत। बात चाहे राजस्थान, हरियाणा, म०प्र० या उ० प्र० की हो, पंचायतों का स्वरूप लगभग एक जैसा होता है। पटेलों की मानसिकता एक जैसी होती है।

आप कहानी का वो हिस्सा याद करें जब बिसराम अपनी ही बहू को भोगकर गाँव में ये कुप्रचार करता है कि उसकी बहू उसके प्रेमी के साथ घर का सारा माल-भत्ता लेकर भाग चुकी है। पंचायत का मुख्य मुद्दा यही बनाया जाता है। विमली को इसी अनकिए अपराध की सज़ा दी जाती है। अब आप विगत कुछ वर्षों में खाप पंचायतों द्वारा किए गए फैसलों को भी याद करें। जबकि शिवमूर्ति कहानी में बहुत पहले यह सब लिख चुके थे। ये इस कहानी की एक महत्त्वपूर्ण बात है। बात ये भी है कि कहानी में इतने सारे पुरुष पात्र होते हुए भी एक भी पात्र विमली के पक्ष

में और बिसराम के विरोध में नहीं बोलता। जबकि बिसराम का चरित्र गाँव का बच्चा-बच्चा जानता था। जब मनतोरिया की माई इस अन्याय के विरुद्ध अपनी आवाज़, भरी पंचायत में उठाती है तो उसे उसका पति बाल पकड़कर घसीटता है।

तब महाभारत का वो दृश्य याद आ ही जाता है जब भरी सभा में द्रोपदी नंगी की जा रही थी और सारा पुरुष समाज उसे मूक होकर देख रहा था। शिवमूर्ति का कमाल ये है कि वे इस कथा को एक वाक्य में कहकर पूरा महाभारत काल हमारी आँखों के सामने खड़ा कर देते हैं।

"इसके कारण भी कोई महाभारत होगा क्या...?"

"काहे भाई? ई कोई रानी-महारानी है...?"

कहानी के ये दो संवाद कहानी के अंदर कहानी होने को व्यक्त करने के लिए समर्थ हैं। शिवमूर्ति इन दो संवादों के आधार पर पाठकों-आलोचकों के सामने सीना ठोककर कहते हैं कि सामान्य जन की स्त्रियों के लिए कभी कोई महाभारत नहीं हुआ। जैसे कि दलित-किसान स्त्रियों की आबरू का न इतिहास में कोई हिसाब-किताब है और न किसी पौराणिक आख्यान में। इतिहास और पौराणिक कथाओं के ज़्यादातर कत्लेआम किसी रानी-महारानी की आबरू बचाने के लिए हुआ होगा किसी सामान्य-जन की महिला के लिए नहीं। कल्पना करें कि द्रोपदी अगर किसी गरीब की लुगाई होती तब...? और विमली किसी महापंडित या जागीरदार की बेटी, पत्नी या बहू होती तब...?

बहरहाल कहानी में प्रयुक्त तमाम पौराणिक उक्तियाँ स्त्री विरोधी हैं। स्त्री चाहे किसी वर्ग की हो। मगर 'तिरिया चरित्तर' कहानी के संदर्भ में ये कहना प्रासंगिक होगा कि स्त्रियों की सबसे बड़ी और सशक्त पैरोकार स्त्रियाँ ही हो सकती हैं, पुरुष नहीं।

कहानी के अंत में आप पुजारी जी का कथन याद करें। पुजारी जी कहते हैं कि 'तिरिया चरित्तर' को समझना आसान नहीं है। बाबा भरतरी ने तब ही तो कहा है–"तिरिया चरित्तर पुरुषस्य भाग्यम...।" यहाँ भी शिवमूर्ति भरतरी का जिक्र कर कहते हैं कि पिंगला ने भरथरी की रसिकता पर कभी कोई सवाल खड़े नहीं किए। मगर भरतरी ने पिंगला के पर-पुरुष प्रेम पर सूक्त-दर-सूक्त रचकर उसके माथे पर स्थायी ठप्पा ये कहकर लगा दिया कि हर स्त्री अविश्वसनीय और संभावित चरित्रहीन है। धर्म और धर्मग्रंथों की उक्तियों के सस्वर उदाहरण दे-देकर पौराणिक काल से लेकर आजतक स्त्रियों का ही शोषण किया गया। शिवमूर्ति की इस कहानी में लंपट बिसराम पुजारी जी भजन-कथा और मंदिर की आड़ लेता है। और पुजारी जी द्वारा भरी पंचायत में ये बात पुष्ट करवाता है कि घटना वाली रात वह घर था नहीं। पुजारी जी हाँ करते हैं। अब धर्मभीरु देश में किसकी मजाल है पुजारी जी को झूठा सिद्ध करे। "औरतों का क्या कहना है, ये तो बकती रहती हैं।" समूची कहानी पुरुष की इसी मानसिकता को ध्वनित करती हुई खत्म होती है।

पर क्या कहानी सचमुच खत्म हो गई...? मेरे ख़याल से कभी नहीं। कहानियाँ कभी खत्म नहीं होतीं। आप इसी कहानी को शुरू से नहीं इसके अंत से पढ़ना शुरू करें। आपको महसूस होगा कि विमली आपको अपने माथे का दाग दिखाते हुए बार-बार पूछ रही है आपसे कि–"और कहाँ-कहाँ कब तक दागते रहोगे..."

साँप-सीढ़ी के खेल में 'मोहनदास'

संजीव कुमार

'मोहनदास' उदय प्रकाश की बहुचर्चित लम्बी कहानी है जिस पर उन्हें वर्ष 2008 का साहित्य अकादमी पुरस्कार भी मिला। चर्चा तो उदय की लगभग हर कहानी की होती रही है–जब भी कोई आती है, ख़ासकर लम्बी कहानी, कुछ निंदकों और बहुसंख्य प्रशंसकों की भुन-भुन, गुन-गुन से साहित्यिक परिसर गुलज़ार हो उठता है–पर 'मोहनदास' के मामले में, इपंले (इन पंक्तियों के लेखक) को ऐसा लगता है, पाठकों की सराहना पहले की सारी हदें पार कर गई।...और सच पूछिए तो यह कोई अच्छी खबर नहीं है। एक तरफ़ पाठकों का इतना प्यार, दूसरी तरफ़ साहित्य अकादमी पुरस्कार–दोनों मिलकर इस खतरे की ओर इशारा कर रहे हैं कि कहीं सुदूर भविष्य में लिखे जाने वाले हिंदी साहित्य के इतिहास में लम्बी कहानियों की परंपरा के भीतर 'और अंत में प्रार्थना', 'पॉल गोमरा का स्कूटर', 'वारेन हेस्टिंग्स का साँड़', 'मैंगोसिल', 'दिल्ली की दीवार' आदि को धकियाकर 'मोहनदास' ही अपनी जगह सुरक्षित न करा ले।

यह खतरा क्यों है? और यह खतरा क्यों है?

ये दो सवाल हैं। पहले में बलाघात 'क्यों' पर है, दूसरे में 'ख़तरा' पर।

तो पहले आते हैं पहले सवाल पर। हममें से किसी को इस मुग़ालते में नहीं रहना चाहिए कि आने वाली सदियों में लम्बी कहानी की 'महान

परंपरा के भीतर उदय प्रकाश की ये सारी कहानियाँ ससम्मान सुरक्षित रहेंगी। इन्हें चुनाव और छँटनी की प्रक्रिया से तो गुज़रना ही है और अंततः इक्की-दुक्की को ही काल की चक्की में पिसने से बचना है। अमरीकी उपन्यासकार और आलोचक डेविड लॉज ने दुरुस्त फ़रमाया है कि– "साहित्य के भंडारघर में कई तल हैं पर उसकी बनावट पिरामिड जैसी है। भूतल पर समकालीन रचनाओं के लिए काफ़ी जगह है, लेकिन उनका खासा बड़ा हिस्सा बहुत तेज़ी से पिछवाड़े के कड़ेदान में पहुँचता जाता है और उसे कभी सीढ़ियों से उन ऊपर की मंजिलों पर जाने का मौका ही नहीं मिलता जो अधिक गंभीर लेखन के लिए आरक्षित हैं। जैसे-जैसे लेखक मूल्य के पैमाने पर उच्च से उच्चतर की ओर प्रोन्नत होते जाते हैं, और ऐतिहासिक अतीत की ओर खिसकते जाते हैं, उनकी संख्या कम से कमतर होती जाती है और उनके अँटने की जगह अधिक सँकरी होती जाती है। सबसे ऊपरी तल पर, जो क्लासिकी रचनाओं के लिए सुरक्षित है, सबसे कम जगह है...सामूहिक चेतना कृतियों की सीमित संख्या का ही भंडारण कर सकती है, उसमें एक शामिल हो तो किसी दूसरी को उसके लिए जगह बनाने के वास्ते कुर्बानी देनी पड़ती है।"

गरज कि ऊपर की मंजिलों पर जाने के लिए उदय प्रकाश की अपनी कहानियों के बीच भी प्रतियोगिता होना तय है और पूर्वोक्ति प्यार और पुरस्कार के 'डेडली कॉम्बिनेशन' से 'मोहनदास' उसमें विजयी रहे, यह बिलकुल संभव है।

अब दूसरा सवाल, कि इपंले इसे खतरा क्यों मानता है? 'मोहनदास' को लोगों ने इतना पसंद किया है, कितने ही इसे पढ़कर बहुत गहरे स्तर पर विचलित हुए हैं, यहाँ तक कि रोते-रोते हलकान हुए हैं, आलोचकों ने एक परिपक्व कलात्मक 'फॉर्म' में दलित कोण की सशक्त उपस्थिति के लिए

इसकी सराहना की है, इसमें गहरे प्रतीकात्मक अर्थ भी देखे गए हैं, तो फिर उदय की दूसरी कहानियों के मुक़ाबले यदि इतिहास में महफ़ूज़ रहे, इसमें समस्या क्या है?

समस्या ये है कि उदय की दूसरी कहानियों के मुक़ाबले 'मोहनदास,' इपंले की दृष्टि में कमतर है और इपंले को लगता है कि साहित्य के भंडारघर की ऊपरी मंजिलों पर इस कहानीकार को अपनी कमतर कहानी के साथ नहीं जाना चाहिए। कोई पूछ सकता है कि जो कहानी लोगों को इतनी पसंद आई है, उसके बारे में आप कौन होते हैं यह फ़ैसला सुनाने वाले कि वह कमतर है या बेहतर? आलोचक के प्राधिकार की तो धज्जियाँ उड़ चुकी हैं, फिर ऐसा फ़ैसला सुनाना अहमकाना दुस्साहस नहीं है? तो जवाब यह है कि साहब, सारी मुश्किल आलोचक वाले 'टैग' की है। यह 'टैग' हटा दीजिए, झंझट ख़त्म। इपंले भी एक पाठक है और जिस तरह आपको अपनी पसंद बताने का अधिकार है, उसी तरह इपंले को भी है। अंतर बस इतना है कि वह दो कदम आगे बढ़कर अपनी पसंद-नापसंदगी को लिखित रूप में बता रहा है और इसके लिए तर्कणा का सहारा ले रहा है। इसी दो कदम के कारण प्राधिकार-प्राधिकार का सारा विमर्श उठ खड़ा होता है, क्योंकि इस दो कदम के फासले पर ही वह जीना है जिससे रचनाएँ ऊपर की तरफ़ बढ़ती हैं या नहीं बढ़ती हैं। यह जीना चढ़ाने-उतारने के लिए शक्ति के खेल का मुक़ाम है, उसका हवाला देकर आप किसी को तर्क करने के लोकतांत्रिक अधिकार से तो वंचित नहीं कर सकते! यह तो वैसा ही होगा जैसे किसी को तानाशाह बताकर अदालत में अपना पक्ष रखने के लोकतांत्रिक अधिकार से वंचित कर दिया जाए और इस तरह उसके साथ वही तानाशाही बरती जाए जिसका नाम लेकर उसे लांछित किया जा रहा है।

तो मतलब यह कि इपंले को भी, औरों की तरह, अपनी राय बनाने और उसे पेश करने का पूरा अधिकार है अब आइए राय पर।

सीमाओं से पहले शक्तियाँ :

जी हाँ, आपको हैरत में डालते हुए, यहाँ सीमाओं से पहले शक्तियों के लिए जगह है। आख़िर 'मोहनदास' उदय प्रकाश की कहानी है और उदय का औसत भी कई दूसरों के बहुत अच्छे से भी अच्छा ठहरता है।

'मोहनदास' गरीब, मेहनती, ईमानदार आम आदमी की बेचारगी और यातना का दिल दहला देने वाला वृत्तांत है। नाटकीय गरीबी को झेलता एक असहाय दलित युवक जब अपने नाम से किसी और को नौकरी की सुख-सुविधाएँ भोगते देखता है और बार-बार अपना अधिकार हासिल करने की कोशिश में एक-के-बाद-एक गहरी मार खाता है, तो आप अंदर तक हिल जाते हैं। आखिरी मार इतनी गहरी और ऐसे असामान्य दुःस्वप्न की तरह है कि वह खुद ही अपना नाम बदल देने की गुहार लगाता हुआ दिखता है। वह नाम, जिसके साथ उसकी नौकरी की दावेदारी का संबंध है, खुद अपने ऊपर से उतार फेंकने के लिए वह गिड़गिड़ा रहा है कहानी इसी गिड़गिड़ाहट से शुरू होती है और पीछे जाकर सारा घटनाक्रम समेटती हुई वापस यहीं आकर खत्म होती है।

खुद उदय प्रकाश के अनुसार, यह एक सच्ची घटना उन्होंने कई अलग-अलग मौकों पर तो यह बात कही ही है, कहानी के भीतर वाचक के रूप में भी वही हैं। सच की दावेदारी उनकी कई कहानियों में आई है और इस कहानी में आई हुई दावेदारी उसी का एक संस्करण होते हुए भी थोड़ी अलग है, पर उसकी बात बाद में। उदय प्रकाश की कहानियों का वाचक कहानी-कला की वाचक-संबंधी संकल्पना से अकसर थोड़े अलग किस्म का होता है और इस कहानी का तो और भी अलग है, पर उसकी बात भी बाद में।

पहले हम यह देखें कि मोहनदास का वाचक क्या कहता है?

“मोहनदास वास्तव में एक जीता-जागता असली आदर्श है और उसकी जिंदगी इस समय दरअसल संकट में है। हाँ, यह अवश्य है कि मैंने सच्चाई में हमेशा की तरह इस बार भी थोड़ा-बहुत हेरफेर किया है। लेकिन यह वैसा ही है जैसे कोई हाथी को छुपाने के लिए उसके विशाल शरीर के ऊपर डेढ़ हाथ का अंगौछा बिछा दे। आप मानेंगे कि सच एक हाथी होता है और जब कोई कवि या कहानीकार उसके ऊपर अंगौछा बिछाकर उसे चोरी से हाँककर आप सबके सामने खड़ा करता है, तो हमेशा उसके अपने जीवन के सारे पुल टूट जाते हैं और उसकी सारी नावें जल जाती हैं।

...तो...मोहनदास एक असलियत है। इसकी पुष्टि आप चाहें तो हमारे गाँव ही नहीं, इस देश के किसी भी गाँव के किसी भी बाशिंदे से पूछकर कर सकते हैं।”

आप मानेंगे कि कहानी और असलियत के संबंध की यह दार्शनिक व्याख्या बहुत अंतर्दृष्टिपूर्ण है। वाचक शुरू में मोहनदास को एक जीता-जागता असली इनसान बताता है और आख़िर में आकर दावा करता है कि उसकी असलियत की पुष्टि आप लेखक के गाँव ही नहीं, इस देश के किसी भी गाँव के किसी भी बाशिंदे से पूछकर कर सकते हैं। एकबारगी लगता है कि वह अपनी पीछे कही हुई बात को काट रहा है। पर यह काट नहीं, विशिष्ट से सामान्य की ओर एक छलांग है। इसी छलांग के प्रयोजन से हर कहानीकार सच के हाथी को छुपाने के लिए डेढ़ हाथ का अंगौछा अपने पास रखता है। उस डेढ़ हाथ के अंगौछे के बल पर वह पत्रकार से अपना फ़र्क़ क़ायम करता है और असल को आधार बनाकर असलियत तक पहुँचने की जुगत लगाता है–अगर आप ‘असल’ को विशिष्ट और ‘असलियत’ को सामान्य का वाचक मानें तो। गौर करने की बात है कि कहानी के साथ ‘असल’

और 'असलियत' के संबंध की यह व्याख्या कहानी के भीतर और बाहर की संधिरेखा पर है। यह चौखट की तरह है, जितनी बाहर, उतनी ही भीतर। कहानी में ऐसे कई अंश हैं और इनकी पहचान यह है कि ये कोष्ठकों के अंदर हैं, तिरछे अक्षरों में। पर अभी हम उन सभी अंशों की बात नहीं कर रहे। जिस अंश की बात कर रहे हैं, उसका इस संधिरेखा पर होना, यानी जितना बाहर उतना ही भीतर या कि जितना भीतर उतना ही बाहर होना महत्त्वपूर्ण है। भीतर होना यह सुनिश्चित करता है कि पाठक कहानी को पढ़ने के क्रम में ही इसे भी पढ़ेगा (किसी साक्षात्कार में कहानीकार के ऐसा कहने या कहानी के पहले एक भूमिका लिखकर यह बताने से पाठक तक उस बात का पहुँचना, वह भी उसी तीव्रता के साथ, सुनिश्चित नहीं होता); इसका बाहर होना पाठक को यह विश्वास दिलाता है कि वह जिस आवाज़ से रूबरू है, वह कहानी की दुनिया से आई हुई आवाज़ नहीं, उस दुनिया के बाहर से आया हुआ एक तथ्य-कथन है। यह तथ्य-कथन कहानी की दुनिया में हस्तक्षेप करता है और उसे खबर की तरह विश्वसनीय बनाने का काम करता है। पर विश्वसनीय बनने के लिए खबर का ओहदा पा लेने से इस विशिष्ट का सामान्य के फलक तक विस्तारित होना, अन्याय के एक सर्वव्यापी परिदृश्य का प्रतिनिधि बन पाना बाधित होता है। इसलिए कहानीकार-वाचक अपनी बात को इस निमंत्रण पर जाकर ख़त्म करता है कि आप इसकी पुष्टि देश के किसी भी गाँव के किसी भी बाशिंदे से पूछकर कर सकते लें। उदय प्रकाश की इस युक्ति में ख़ास क्या है? अगर वे 'टेपचू', 'थर्ड डिग्री', 'और अंत में प्रार्थना', इन सारी कहानियों में सच की ऐसी दावेदारी पहले से करते ही आए हैं–और उनसे पहले भी सर्वांतिस से लेकर जाने कितने किस्सागो अपने किस्सों के भीतर ऐसी दावेदारी करते आए हैं–तो 'मोहनदास' के इस अंश को एक अलग तरह से उसका दुहराव भी क्यों न माना जाए?

इसलिए नहीं माना जाए कि उन कहानियों में सच की दावेदारी कथात्मक संसार के भीतर से आती थी। 'मोहनदास' में वह एक ऐसी जगह से आ रही है जिसे कथात्मक संसार की अंतरंग जगह नहीं कह सकते। अव्वल तो इसलिए नहीं कह सकते कि इस जगह को जानबूझकर कथा के मुख्य प्रवाह से निकालकर गढ़ा गया है। पीछे चौखट वाला रूपक इसी आशय को व्यंजित करता है। दूसरे, इसे कहने वाला वाचक बहुत नयी तरह का है। इस नयेपन को समझने की ज़रूरत है। उदय प्रकाश की कहानियों में बहुत पहले से आत्मसजग वाचक मिलता रहा है। (Self-Conscious narrator) ऐसा वाचक सर्वज्ञ-सर्वव्यापी होते हुए भी अकसर 'मैं' शैली में बात करने लगता है और कई बार तो इस तरह की बहस भी छेड़ बैठता है कि कहानी कैसी है, कैसी होनी चाहिए, कैसी हो सकती थी इत्यादि। यह कथात्मक संसार को गढ़ने की शास्त्रीय शर्तों की एक ऐसी अवहेलना है जिसे बहुतों ने एक मुक्ति की तरह इस्तेमाल किया है। पर इस अवहेलना का अगला कदम उदय प्रकाश की 'मैंगोसिल' और 'दिल्ली की दीवार' जैसी कहानियों में मिलना शुरू होता है। वह अगला कदम है, इस 'मैं' को एक कथात्मक सत्ता (Fictional entity) की सीमाओं से मुक्त करके कहानीकार का 'मैं' बना देना। 'दिल्ली की दीवार' और 'मैंगोसिल' का 'मैं' खुद उदय प्रकाश है और ठीक उसी तरह 'मोहनदास' का 'मैं' भी। हिंदी की दुनिया में अपने साथ हुए अन्यायों, दिल्ली से बाहर गाज़ियाबाद में विस्थापन, नौकरी से वंचित अपने जीवन के असुरक्षा-बोध, फ्रीलांसिंग का संघर्ष, बोन टी बी आदि-आदि का जिक्र करते हुए वे इन कहानियों में कहानीकार और वाचक का अभेद क़ायम कर देते हैं। यह अभेद स्थापित करना एक ऐसे कहानीकार के लिए ही संभव था जिसकी प्रसिद्धि ने सामान्य पाठक को उसके व्यक्तिगत जीवन से भी परिचित करा दिया है

और अगर नहीं कराया है, तो कहानी अब करा देगी! क्योंकि पाठक इस चीज़ को तो सीधे-सीधे अनुभव करता ही है कि यह 'मैं' जो कहानी में कोई भूमिका नहीं निभा रहा, फिर भी मौजूद है और अपने बारे में कुछ ब्यौरे पेश कर रहा है, यह निश्चित रूप से कहानी का पारंपरिक वाचक नहीं, जो कि एक 'फ़िक्शनल एंटिटी' होता है, बल्कि स्वयं कहानीकार उदय प्रकाश है। अब वापस आइए सच की दावेदारी पर। तो पहले की कहानियों में यह दावेदारी उस वाचक के कथन के रूप में आती थी जो कहानीकार से भिन्न होता था, या कम-से-कम सचेत स्तर पर कहानीकार से अपनी अभिन्नता प्रदर्शित नहीं करता था। इस तरह वह दावा अंततः एक 'फ़िक्शनल क्लेम' ही रह जाता था–बहुत स्पष्ट रूप में एक युक्ति की तरह दिखाई पड़ता, कथा का अंदरूनी हिस्सा। खुद उदय प्रकाश की कहानी 'टेपचू' में जब वाचक पाठक को सीधे संबोधित करने वाली शैली में बात करता है और उसे विश्वास दिलाता है कि जब जहाँ कहे, वह 'टेपचू' को उससे मिलवा सकता है, तो यह चीज़ साफ़ तौर पर एक युक्ति की तरह दिखाई पड़ती है। यह सच का ऐसा दावा है जो कथात्मक संसार के भीतर से आ रहा है, क्योंकि खुद वाचक, कहानीकार से अलहदा, उस कथात्मक संसार का हिस्सा है। इस तरह सच का दावा झूठ की एक वृहत्तर संरचना के भीतर स्थित है, इसलिए उस पर भरोसा कर लेने की कोई वजह नहीं है; अलबत्ता, चूँकि यह पूरी तरह स्पष्ट है कि उस पर भरोसा करने की कोई वजह नहीं, इसलिए पाठक उस दावे में कथा-स्थितियों और चरित्रों को प्रतीकार्थ के स्तर पर जाकर खोलने का संदेश पढ़ता है। यानी मामला भरोसा करने न करने के खेल से ही बाहर चला जाता है; पाठक सच के दावे को चिराचरित विधि से सच यानी तथ्य के दावे के रूप में पढ़ता ही नहीं, एक अलग तरह की माँग को पेश करने वाले संदेश या आदेश के रूप में पढ़ता है। यही स्थिति 'और

अंत में प्रार्थना' में भी देखी जा सकती है जहाँ कहानीकार शीर्षक के ठीक नीचे कोष्ठकों में कह रहा है कि 'इस कहानी के सभी पात्र काल्पनिक हैं, जबकि कहानी के अंदर वाचक कह रहा है, 'अब इसका क्या किया जाए कि डॉक्टर दिनेश मनोहर वाकणकर किसी कहानीकार या उपन्यास के पात्र नहीं हैं। उन्हें किसी कहानीकार की कल्पना ने पैदा नहीं किया। डॉ. वाकणकर किसी कहानीकार या रचना के होने या न होने के बावज़ूद हैं।' यहाँ भी सच का जो दावा कथात्मक संसार के भीतर से आ रहा है, वह एक युक्ति के रूप में पाठक को तथ्य से परे सत्य की दिशा में जाने के लिए उकसाता है (याद कीजिए, नामवर सिंह ने छायावाद के प्रसंग में रवीद्रनाथ ठाकुर के हवाले से तथ्य और सत्य के अंतर को समझाया था। पीछे जहाँ-जहाँ 'सच' शब्द आया है, उसे 'सत्य' के अर्थ में नहीं, 'तथ्य' के अर्थ में पढ़ें। चूँकि भाषा system of difference है, इसलिए 'सच' लिखते हुए इपंले के मन में 'झूठ' से उसका फ़र्क़ और 'सत्य' लिखते हुए 'तथ्य' से उसका फ़र्क़ रहा है)।

सच के दावे का कथात्मक संसार के भीतर से आना, उसका 'फिक्शनल क्लेम' होना अपने आप में कोई दोष नहीं है, ठीक वैसे ही जैसे कहानी का 'कहानी' यानी 'गढ़ा' हुआ वृत्तान्त होना अपने आप में कोई दोष नहीं जिसके चलते आप उसे पढ़ने से विरत हो जाएँ। क़िस्मा-कहानी तो नाम ही उस जादू का है जहाँ हम सहृदय के रूप में झूठ को जानते-बूझते हुए एक भावनात्मक सच की तरह ग्रहण करते हैं, चरित्रों के साथ हँसते और रोते हैं। या यों कहिए कि हँसने-रोने की अपनी भावनात्मक ज़रूरतों के लिए झूठ के संसार में आलंबन ढूँढ़ते हैं। कॉलरिज ने कभी इसे ही 'अविश्वास का स्वैच्छिक स्थगन' (विलिंग सस्पेंशन ऑफ डिसविलीफ़) कहा था।

यह सारी बक-बक इसलिए कि आप समझ सकें कि 'फ़िक्शनल क्लेम' कहने का मतलब किसी चीज़ का दर्जा गिराना नहीं है; पर साथ ही इसलिए भी कि आप, अलग-अलग तरह के दावों के फ़र्क़ की सराहना कर पाएँ। उदय 'मोहनदास' में सच के इस दावे को 'फ़िक्शन' से बाहर निकाल लाते हैं जिसका असर कहानी की विश्वसनीयता पर अधिक तीव्र होता है। आख़िर विश्वास करने और अविश्वास का स्थगन करने में कोई फ़र्क़ तो होगा। कहानी का वाचक कोई 'फिक्शनल एंटिटी' नहीं, खुद उदय प्रकाश हैं और कहानी के अंदर कोष्ठकों और तिरछे अक्षरों के रूप में एक ऐसी जगह निकालकर वे सच का दावा पाठक के सामने पेश करते हैं जो 'फ़िक्शन' के मुक़ाबले 'फ़ैक्ट' की जगह है।

लेकिन गौर करने की बात है कि कहानीकार और वाचक का अभेद स्थापित करके भी उदय प्रथम पुरुष के अवरुद्ध अवलोकन बिंदु (Restricted vantage Point) को स्वीकार नहीं करते। उन सीमाओं को स्वीकार करने का मतलब यह होता कि कहानीकार-वाचक ने जो कुछ अपनी आँखों के सामने देखा है या विश्वस्त सूत्रों से जाना है, उनका ही बयान करता। (यानी कहानी इस ढंग से कही जाती कि सारी बात देखी-सुनी हुई जान पड़ती।) 'मोहनदास' में ऐसा नहीं है। कहानी में ऐसे तमाम विवरण हैं जिन्हें अवरुद्ध-अवलोकन बिंदु में प्रस्तुत किया ही नहीं जा सकता। मसलन, मोहनदास का अपनी पत्नी के साथ चाँदनी रात में नदी की धार में खेलते हुए सहवास करने का वर्णन प्रथम पुरुष वाचन में संभव नहीं है। पर ऐसे तमाम वर्णन-विवरण आते हैं और ये एक तरह से कहानी के रचना-तंत्र, उसकी अभियांत्रिकी को पाठक के लिए पारदर्शी बना देते हैं। वह साफ़-साफ़ देखता है कि कहानीकार-वाचक उदय प्रकाश आत्मसजग रूप से एक कहानी लिख रहा है जिसमें मुख्य-मुख्य घटनाओं

का कंकाल एकदम असली है और उसे शरीर देने का काम कल्पना कर रही है। अब वह कल्पना मुक्तिबोध, परसाई, शमशेर, लेनिन नगर, गाँधी नगर, अंबेडकर नगर, पुरबन और गाँधी के परिवार की नाम-ध्वनियों से मिलते-जुलते मोहनदास के परिवारजनों के नाम इत्यादि का जैसा भी प्रतीकात्मक या कौतुकपूर्ण इस्तेमाल करें, उससे पाठक के लिए केंद्रीय घटनाक्रम की सचाई–दुनिया में उसके असल में घटित होने की सचाई–अछूती रहती है। कहने का मतलब यह कि कहानी का घटना-आकार अपनी ठोस-मूर्त उपस्थिति को छोड़कर प्रतीक में नहीं बदलता (याद रखें, प्रतीक हमेशा अपने से परे किसी और चीज़ का अर्थ देता है), उसे कहानी में ढालने वाला विमर्श भले ही बीच-बीच में उस घटना-आकार में ऐसे प्रतीकार्थों की गुंजाइश निकाल ले जो बहुत बड़े फलक पर बिजली की तरह कौंध जाते हों। घटनाओं के कंकाल को असली ठहराने की इस युक्ति का 'मोहनदास' के प्रसंग में असर जबरदस्त है। यह युक्ति पाठक को कहानी के 'इमोशनली चार्ज्ड' संसार में पूरी तरह जकड़ लेती है। वह कहानी को एक सत्य घटना की तरह पढ़ता है, एक ऐसी घटना जिसे सीधे घटना की तरह ही कहा जा सकता था लेकिन कहानी की तरह कहने का चुनाव सिर्फ़ इसलिए किया गया है कि उसकी भयावहता का पूरा-पूरा अनुभव कराया जा सके और साथ ही, प्रतीकों के माध्यम से उसे अर्थ-विस्तार देने की छूट ली जा सके। कहानी इसी भाव से पढ़ी जाए, इसकी पेशबंदी अद्‌भुत कौशल के साथ की गई है। कौशल को रेखांकित करने का यह मतलब कहीं से नहीं है कि घटना असली नहीं है। इपंले खुद मानता है कि घटना सच्ची है। पर वह यही कहना चाहता है कि खुद उसका ऐसा मानना भी उस पेशबंदी का प्रमाण है। इस पेशबंदी के साथ कहानी जिस घटना-व्यापार को सामने लाती है, वह हृदयविदारक है उसकी ख़ासियत है कि वह सबसे निचले

पायदान पर खड़े मनुष्य को उसका वाजिब हक न मिल पाने और उत्तरोतर बढ़ती हुई यंत्रणाओं से उसके गुज़रने के दृश्य ही नहीं दिखाती, सत्ता तंत्र के हर स्तर पर पैठी भयावह दुरभिसंधियों को भी रेशा-रेशा खोलती है। पुलिस, ठेकेदार, सरकारी अधिकारी और बाबू, स्थानीय गुंडे, गाँव के मातबर–इन सबके गठजोड़ से गरीब आदमी के उत्पीड़न और वंचना का जो नृशंस खेल चप्पे-चप्पे पर चल रहा है, उसकी एक माइक्रोस्कोपिक तस्वीर आपके सामने उभरती है। उसके ब्यौरों से गुज़रते हुए आप एक गहरी बेचैनी और दहशत को अपनी शिराओं में उतरता हुआ महसूस करते हैं और कहानीकार का पूरा सरंजाम ऐसा है कि इसे किस्सा मानकर राहत हासिल कर लेने की भी गुंजाइश नहीं। कहीं-कहीं उम्मीद की रौशनी फौरी राहत तो देती है, पर ऐसी हर राहत के बाद हताशा का अँधेरा अधिक गहरा हो जाता है। उम्मीद की रौशनी में चमक जहाँ सबसे ज़्यादा है, वहीं से निरुपायता का अँधेरा सबसे अधिक गहरा और ख़ौफ़नाक भी हो जाता है। मोहनदास की लड़ाई न्यायिक दंडाधिकारी गजानन माधव मुक्तिबोध, पब्लिक प्रॉसिक्यूटर हरिशंकर परसाई और एस. एस. पी. शमशेर बहादुर सिंह की बदौलत लगभग जीत ली जाती है, पर "गरीबों और अन्याय के शिकार लोगों के जीवन के खुरदुरे यथार्थ में ऐसे सुंदर रंग कभी-कभार बस ऐसे ही कुछ पल के लिए आते हैं। सत्ता और पूँजी से जुड़ी ताकते अचानक किसी बाज की तरह झपट्टा मारकर अलोपी मैना के घोंसलों को उजाड़ देती हैं और बाहर दिखाई देते हैं चिड़ियों के नन्हें-नन्हें छौनों के पंख और खून के धब्बे।" पूरा खेल फिर पलट जाता है। नकली मोहनदास जमानत पर छूट जाता है और खुलेआम अपराधों में लिप्त हो जाता है। उसकी अचूक साजिश के बल पर असली मोहनदास उसके सारे अपराधों के आरोप झेलता पुलिस के हाथों पिटता-पिटता बेदम रहने लगता है और इस

नारकीय जिंदगी से निजात पाने के लिए खुद अपने नाम से अपना पीछा छुड़ाने की गुहार लगाता पाया जाता है।

तो फिर समस्या कहाँ है?

समस्या घटनाक्रम की प्रस्तुति, यानी घटनाओं के कहानी बनने की प्रक्रिया में है। अभी तक जो कुछ कहा गया है, उसमें कहानी की नहीं, कहानी के कंकाल की ही अधिक चर्चा हुई है। एक अदद युक्ति की भी किंचित् विस्तार से चर्चा हुई है जिसका संबंध इसी कंकाल, यानी मुख्य घटना-व्यापार की सत्य-प्रतीति से है। हाँ, थोड़ी चर्चा इस घटना-व्यापार को एक बहुत बड़े फलक पर प्रक्षेपित कर देने वाली सांकेतिकता की भी हुई है। समस्या इनमें नहीं है। समस्या प्रस्तुति, यानी घटनाओं के कहानी बनने की प्रक्रिया में है।

पहली बात, 'मोहनदास' एक भाषणबाज़ कहानी है। उदय प्रकाश ने अरुण आदित्य को दिए एक साक्षात्कार में बहुत सही कहा है कि– "अच्छी रचना बहुत धीमी आवाज़ में बोलती है।" पता नहीं, यह अहसास 'मोहनदास' लिखते हुए उन्हें क्यों नहीं था? इतनी ज़्यादा बोलने वाली कहानी हिंदी में दूसरी नहीं है। यह-ऐसा-समय-था-जब वाली शैली उदय की दूसरी कहानियों में भी आई है, पर तब उसका अनुपात-बोध बहुत सधा हुआ होता था। यहाँ आकर वह बिलकुल अनुपातविहीन हो गई है। गोया रिझाने वाली अदाओं का असर कम होता देख कोई पुरुष/स्त्री उन अदाओं को बदलने के बजाय और प्रयत्नपूर्वक माँजने लगे और इस चक्कर में वे अदाएँ प्रतिउत्पादक हो जाएँ। कोष्ठकों में लंबे-लंबे अंश लिखकर उदय पता नहीं क्या सिद्ध करना चाहते हैं? उनकी कहानियाँ, निबंध और भाषण जैसी विधाओं का बेहतरीन इस्तेमाल कर लेती थीं। 'मोहनदास' को पढ़ते हुए लगता है कि कहानी इस्तेमाल करने की बजाय इस्तेमाल हो रही है...और

उसके साथ-साथ हम भी। वैसे कोष्ठकों में आए इन विवरणों से उदय क्या सिद्ध करना चाहते हैं, इसका एक उत्तर हो सकता है। वह यह कि विवरण हमारा समय है और मोहनदास इस समय की नब्ज़। समय स्थूल संकेतकों में है जो कि खबरें हैं, या ज़्यादा दुरुस्त ढंग से कहें तो खबरो का एक ख़ास तरह का संचयन। कहानीकार उन्हें एक योजना के तहत कहानी में पेश कर रहा है, ताकि आप नब्ज़ के साथ-साथ स्थूल शरीर को भी अपने सामने पाएँ। आख़िर नब्ज़ ही क्यों, ऊपर से दिखता शरीर भी रोगों के बारे में काफ़ी कुछ कहता है। पर रोगों की कहानी कहने के लिए अपने रवैये में रुग्णता तो ज़रूरी नहीं है। यह 'मोहनदास' की एक और समस्या है कि कहानी न सिर्फ़ बहुत ज़्यादा बोलती है। यहाँ गरीब और साधारण आदमी के पक्ष में कुछ व्यक्तियों को छोड़कर (जाहिर है, कहानीकार अपने को भी ऐसा ही एक व्यक्ति मानता होगा) और कोई नहीं है। हर तरह की कलात्मक और वैद्वत गतिविधि उसके ख़िलाफ़ है। (इतिहास-लेखन को भी दो-तीन बार कहानीकार ने निशाने पर लिया है, जबकि सच्चाई है कि यह अनुशासन लगातार साधारण आदमी के पक्ष में झुकता गया है।) हर तरह की राजनीति उसके ख़िलाफ़ है। कहीं हर्षवर्धन सोनी के राजनीतिक जुड़ाव को—साथ ही, मुक्तिबोध, शमशेर, परसाई आदि की पाठेतर प्रतिष्ठा जिस राजनीति की ओर संकेत करती है, उसको देखते हुए आप वाम राजनीति के प्रति लेखक का सकारात्मक दृष्टिकोण न पढ़ लें, इसके लिए उदय प्रकाश कोष्ठकों में उस राजनीति को भी बार-बार निशाना बनाते हैं। पेट्रोल की कीमतों को लेकर उनका आंदोलन करना, केंद्र में कांग्रेस की सरकार को उनका समर्थन देना—ये सब कहानीकार की दृष्टि में इस बात का प्रमाण है कि वामपंथी भी गरीब आदमी के ख़िलाफ़ हैं। उनके मुक्तिबोध भी गहरी हताशा के साथ बोलते हैं—"किसी समय बहुत परिवर्तनकारी लगने वाली बौद्धिक और दार्शनिक

संरचनाएँ बदले हुए समय में बिलकुल खोखले वाग्जाल, अनर्गल बकवास और ठगों के प्रवचन में बदल सकती हैं। इतिहास में ऐसा बार-बार हुआ है।" उदय प्रकाश मानो इस बात को लेकर अतिरिक्त रूप से सजग हैं कि उनकी कहानी में आए हुए मोहनदास के मददगार कहीं व्यक्ति से हट कर किसी विचारधारा या राजनीति के प्रतिनिधि न मान लिए जाएँ।

शायद आप कहना चाहें कि मोहनदास की जगह से दुनिया ऐसी ही नज़र आती है—कुछ मददगार 'व्यक्तियों' को छोड़कर और सारा कुछ खूँख़ार होने की हद तक प्रतिकूल। मोहनदास की जगह का मतलब है, मनुष्यता के उस पूरे हिस्से की जगह जिसके हुकूक मारकर ऊपर का तबका ऐश्वर्य भोग रहा है। कहानीकार ने भले ही मोहनदास को वाचक न बनाया हो, वह उसी के कोण और अवस्थिति से देखी हुई दुनिया है।

कहना चाहिए कि यह कहानी के दृष्टिकोण के पक्ष में, जिसे इपंले सब कुछ को ख़ारिज करने वाला रुग्ण दृष्टिकोण मानता है, एक आश्वस्तकारी तर्क हो सकता था। पर यह कारगर तब होता जब हम यह महसूस करते कि उदय खुद को भी मोहनदास की जगह से देख पाते हैं (याद दिलाने की ज़रूरत नहीं कि कहानीकार और वाचक एक ही हैं)। ऐसा महसूस नहीं होता। कहानी में अपने प्रति उनका दयाभाव बहुत गाढ़ा है। उसे देखते हुए, रुग्ण दृष्टिकोण का औचित्य बताने का उक्त तर्क पूरी तरह गले नहीं उतरता। समझ में आ जाता है कि दुनिया को तो उदय अपनी ही जगह से देख रहे हैं और रुग्णता इसी जगह की है। अपने प्रति इतना दयाभाव और अपने समय की हर राजनीति और उसके कर्ताओं के प्रति इतनी निरपेक्ष निंदा—यह चीज़ मोहनदास को कमज़ोर बना देती है।

और इपंले इसे रेखांकित करना ज़रूरी समझता है कि कोष्ठकों में बहुत ज़्यादा बोलने की झख न होती तो कहानी/ कहानीकार के नज़रिये में यह

रुग्णता भी न दिखती। कहानियाँ अपने स्वभाव से ही मुक्तमुखी (open ended) होती हैं, उनमें कई तरह से पढ़े जाने की संभावना होती है, बशर्ते कि कहानी के अंदर ही निबंध लिख कर कहानीकार उसके पढ़े जाने की दिशा निर्धारित न कर दे। उदय यही करते हैं और इस प्रकार हमें उक्त सर्व-अस्वीकार मुद्रा की अनदेखी कर पाने के लायक नहीं छोड़ते।

अब तीसरी समस्या। अपनी किसी भी और कहानी के मुक़ाबले उदय प्रकाश यहाँ बहुत असावधान नज़र आते हैं। पहले पन्ने से ही यह असावधानी दिखने लगती है। डर के रंग के बारे में तीसरे अनुच्छेद में कहानीकार कहता है कि "फ़िल्म का अच्छे से अच्छा अभिनेता भी अपनी आँखों की पुतली सफ़ेद और चेहरे पर हज़ार कोशिशों के बावज़ूद वह रंग पैदा नहीं कर सकता जो असल जिंदगी में किसी बेहद डरे हुए जीते-जागते मनुष्य की आँखों और चेहरे में दिखाई देता है।" इसके बाद पाँचवें अनुच्छेद में, "'शिंडलर्स लिस्ट' या फिर उस जैसी अनेक फ़िल्मों में आपने उस जर्मन रेलगाड़ी का दृश्य देखा होगा जिसे कहीं दूर भेजा जा रहा है। उस रेलगाड़ी के डिब्बों की खिड़कियों से बाहर ताकते यहूदी बच्चों, औरतों और बूढ़ों के चेहरे आपकी स्मृति में ज़रूर होंगे।...डर का रंग कुछ-कुछ वैसा ही हुआ करता है।"

अगर फ़िल्म का अच्छे से अच्छा अभिनेता डर का वह रंग पैदा नहीं कर सकता तो 'शिंडलर्स लिस्ट' के अभिनेताओं ने कैसे पैदा कर लिया? क्या 'शिंडलर्स लिस्ट' असली फुटेज वाली कोई डॉक्यूमेंट्री है? यह बक़ायदा एक फीचर फ़िल्म है जिसे स्टीवन स्पिलरबर्ग ने सफ़ेद-स्याह पर इसलिए फ़िल्माया था ताकि डॉक्यूमेंट्री वाला प्रभाव आ सके। डर का जो रंग मोहनदासकार के अनुसार अच्छे से अच्छा अभिनेता पैदा नहीं कर सकता, वह इस फ़िल्म के अभिनेताओं ने ही पैदा किया था।

अपनी असावधानी में ही कहानीकार ने कथा-काल को ख़ासा गड्ड-मड्ड कर दिया है। वर्तमान काल में कहानी को शुरू करके पीछे की घटनाओं का बयान करते हुए वापस वर्तमान तक पहुँचना कोई नयी और समस्यामूलक युक्ति नहीं है, लेकिन इसे भी उदय प्रकाश सुसंगत तरीक़े से सँभाल नहीं पाए हैं।

उनके क़द को देखते हुए कभी-कभी खुद पर संदेह करना पड़ता है कि कहीं ऐसा तो नहीं कि यह गड्ड-मड्ड अपने आप में कोई कथा-युक्ति हो, 'एकांत के सौ वर्ष' जैसी, जिसे हम समझ नहीं पा रहे! पर ढूँढ़ने पर भी कहानी में कोई ऐसा सुराग हाथ नहीं लगता जो कथा-युक्ति के रूप में इसकी सराहना करने की प्रेरणा दे। यानी यह सोच-समझकर की गई गड्ड-मड्ड तो नहीं लगती।

कहानी वर्तमान में शुरू होती है जिसमें मोहनदास अपने उसी संवाद के साथ हमारे सामने आता है जिस संवाद के साथ कहानी को ख़त्म होना है–

"मोहनदास सामने खड़ा है और अपनी काँपती हुई, कमज़ोर आवाज़ में कह रहा है–'काका, मुझे किसी तरह बचा लीजिए। मैं आपके हाथ जोड़ता हूँ।...बाल-बच्चे हैं मेरे। उधर बाप मर रहा है टी.बी. से।...आप कहें तो मैं आपके साथ चलकर अदालत में हलफ़नामा देने को तैयार हूँ कि मैं मोहनदास नहीं हूँ। मैं इस नाम के किसी आदमी को नहीं जानता कोई और होगा मोहनदास। बस मुझे किसी तरह बचा लीजिए।"

कहानी पढ़ते हुए आपको पता लगेगा कि बाप तो मोहनदास की 'बचा ली जिए' वाली गुहार से बहुत पहले ही मर चुका है। मोहनदास हर्षवर्धन सोनी की मदद से जी.एम. मुक्तिबोध की अदालत में अपने अधिकार की जो लड़ाई लड़ता है, उससे पहले ही उसका बाप मर चुका है और अदालती

लड़ाई शुरू होने के भी काफ़ी बाद जाकर वह नौबत आती है जिसके वर्णन से कहानी शुरू हो रही है।

इस शुरूआत में कथा-काल के वर्तमान को लेकर आए और भी ब्यौरे ऐसे हैं जो अंत में आए ब्यौरों से बिलकुल अलग हैं। उनमें से कुछ ब्यौरों का औचित्य यह कहकर दिया जा सकता है कि लेखक इस शुरुआती हिस्से में कहीं-कहीं कथा-काल के वर्तमान से थोड़ा पीछे भी गया है और इसके लिए एक बार यह कहा भी है कि–"लेकिन ये सारी बातें तो बहुत पहले की हैं।" लेकिन इसके बाद वह इसमें शक की कोई गुंजाइश नहीं छोड़ता कि यह शुरुआती हिस्सा मुख्यतः कथाकाल का वर्तमाना ही है। और ऐसी गुंजाइश न छोड़ने के बाद जो ब्यौरे आते हैं, वे फिर इसी गड्ड-मड्ड की सूचना देते हैं यह हिस्सा पढ़ें:

"लेकिन ये सारी बातें तो बहुत पहले की हैं। मोहनदास इन दिनों एक भारी विपत्ति में है और बार-बार कहता है–'हमारा नाम मोहनदास नहीं है।...हम अदालत में हलफ़नामा देने को तैयार हैं। जिसे बनना हो बन जाए मोहनदास। आप लोग किसी तरह हमें बचा लीजिए।'...हम आप सबके हाथ जोड़ते हैं।"

मोहनदास का संकट क्या है? यह बताने के पहले उसके परिवार के पाँचवें सदस्य, यानी मोहनदास की छह साल की बेटी शारदा का ज़िक्र पूरा कर लें। छह साल की शारदा गाँव के सरकारी प्राथमिक पाठशाला में दूसरी कक्षा की छात्रा है और स्कूल के बाद वह ढाई किलोमीटर दूर, दो तालाबों के पार बसे गाँव बिछिया टोला चल देती है, जहाँ से वह रात नौ-दस बजे तक लौटती है। बिछिया टोला में वह बिसनाथ प्रसाद के एक साल के बेटे को सँभालने और उनके घरेलू कामकाज में लमरा-पहुँची करती है।"

अब यहाँ जिस छह साल की बेटी का ज़िक्र आया है, वह कहानी के अंत में मोहनदास के उक्त संवाद के आने से काफ़ी पहले आठ साल की हो चुकी थी और दो साल से बिछिया टोला के बिसनाय के बच्चे को सँभालने का काम छोड़ चुकी थी।

तो क्या मोहनदास की यह गिड़गिड़ाहट कहानी में दो बार आनी चाहिए थी? इसका सवाल ही नहीं, क्योंकि भारी विपत्ति में अपने नाम से पीछा छुड़ाने की नौबत तो तभी आती है जब इस नाम के कारण मोहनदास बार-बार पुलिस के हत्थे चढ़ता है और नारकीय यंत्रणा से गुज़रता है।

इसका मतलब यह कि कहानी की काल-रेखा पर आगे-पीछे करते हुए लेखक भूल जाता है कि उसे काल-रेखा पर किस चीज़ को कहाँ रखना था। इसका उदाहरण उस बिसनाथ के संदर्भ में भी मिलता है जिसने मोहनदास का नाम धारण कर उसकी नौकरी हथिया ली है। गोपालदास ने जब पहली बार बिसनाथ की इस हरकत की जानकारी मोहनदास को दी, तब यह भी बताया कि–"...बिसनाथ ने अपने गाँव बिछिया टोला में रहना चार साल से छोड़ दिया है और ओरियंटल कोल माइंस की वर्कर्स कॉलोनी 'लेनिन नगर' में बाल-बच्चों समेत रहने लगा है, जहाँ उसकी पत्नी ब्याज पर रूपया उठाने का धंधा करती है और चिट फंड चलाती है।" यह पता लगने के बाद मोहनदास अपना अधिकार वापस पाने के लिए सक्रिय हुआ। कई बार वह उस लेनिन नगर में गया जहाँ बिसनाथ रहता था। इस प्रक्रिया में कई साल निकले। इसी दौरान मोहनदास के पिता का भी निधन हुआ। इन सबका विस्तार से वर्णन कहानी में आता है। उसके बाद का यह अंश देखिए–

"मोहनदास ने चुप रहना शुरू कर दिया। वह बहुत कम ही बोलता। उसका बेटा देवदास सड़क के किनारे 'दुर्गा ऑटो रिपेयरिंग वर्क्स' में पंचर लगाने और पाना-पेचकस की लमरा-पहुँची करने वाले हेल्पर का काम

करने लगा था। शारदा ने दो साल से बछिया टोला में बिसनाथ के बच्चे को सँभालना और घरेलू कामकाज छोड़ दिया था क्योंकि रेनुका देवी लेनिन नगर जाकर अपने पति बिसनाथ के साथ रहने लगी थी।"

याद कीजिए कि मोहनदास ने कई सालों तक चले अपने संघर्ष की जब शुरुआत की थी, तभी बिसनाथ को बीवी-बच्चों समेत लेनिन नगर में रहते चार साल हो चुके थे। तो फिर शारदा किस बच्चे को संभालने का काम करती थी? और रेनुका देवी अगर दो साल से अपने पति बिसनाथ के साथ रहने लगी है तो वह अमिता कौन थी जो कई साल पहले से लेनिन नगर में रह रही थी?

असल में, रेनुका देवी कहानी के शुरुआती ब्यौरों के अनुसार, बिसनाथ की माँ है। वहाँ पत्नी का नाम अमिता है। लेकिन उक्त प्रसंग में आकर रेनुका देवी को बिसनाथ की पत्नी बता दिया गया है, जो कि पहली नज़र में टाइपिंग की ग़लती लगती है। पर आप आगे जाते हैं कि हर जगह बिसनाथ की पत्नी का नाम रेनुका देवी बताया गया है। जब न्यायिक दंडाधिकारी जी.एम. मुक्तिबोध बिसनाथ के घर पहुँचे तो–

"बिसनाथ...बाहर गया हुआ था। फ़्लैट में सिर्फ़ उसकी पत्नी कस्तूरी उर्फ रेनुका देवी थीं, जो चिटफंड सोशल सर्विस किटी पार्टी और फाइनेंस का धंधा करती थी।...कस्तूरी मैडम उर्फ रेनुका देवी सरकारी बत्ती वाली गाड़ी और इतने लोगों को देखकर घबरा गई थीं।"

इसी तरह आखिरी हिस्से में आई सूचनाओं में से एक सूचना है–

"ताजा हाल यह है कि बिसनाथ ने अपनी पत्नी रेनुका के साथ मिलकर कोलियरी की दलाली में बहुत पैसा कमा लिया है।"

इसका मतलब यह हुआ कि पीछे भी जहाँ रेनुका देवी के लेनिन नगर जाकर रहने की बात कही गई थी, वहाँ भी बिसनाथ को पुत्र की जगह पति बताना कोई टाइपिंग की ग़लती नहीं थी। लेखक यह हिस्सा लिखते हुए भूल

चुका था कि बिसनाथ की पत्नी का नाम उसने रेनुका नहीं, अमिता बता रखा है। पर साथ ही, वह यह भी भूल चुका था कि उस पत्नी को बच्चे समेत कितना पहले वह लेनिन नगर स्थानांतरित करा चुका है। अब चूँकि एक बार मोहनदास की बेटी को बिसनाथ के गाँव के घर पर बच्चे सँभालने और लमरा-पहुँची का काम करते दिखा दिया है, इसलिए अब उसे इस काम से निकालना भी है और इसी चक्कर में वह सारी चीज़ें गड्ड-मड्ड कर देता है।

ब्यौरों में ऐसी गड़बड़ियाँ अनेक हैं, उन सबका यहाँ हवाला देना संभव नहीं। लब्बोलुआब यही है कि कहानी बारह साल के कथा-काल को समेटती है, लेकिन सँभाल नहीं पाती।

बेशक कोई कह सकता है कि कहानी पढ़ते हुए इस गड्ड-मड्ड की ओर ध्यान नहीं जाता और इनकी वजह से उसकी प्रभावोत्पादकता आहत नहीं होती। उत्तर सिवाय इसके और क्या हो सकता है कि यह तो अपनी-अपनी किस्मत है। बदकिस्मत हैं वे जिनका ध्यान इस ओर चला जाता है और आस्वाद में बाधा पड़ जाती है।

इसके अलावा, इस बात से भी इनकार करना मुश्किल है कि नीरंध्र कथा-विन्यास कहानी-कला की आधारभूत अपेक्षाओं में से है। इस अपेक्षा के पूरा न हो पाने का औचित्य किसी भी तरह तर्क से सिद्ध नहीं किया जा सकता, जब तक कि कथा-विन्यास को एक युक्ति के स्तर पर रंध्रयुक्त न किया गया हो।

तो गोया 'मोहनदास' साँप-सीढ़ी के खेल में पड़ी हुई कहानी है। सीढ़ी ऊपर चढ़ाती है, साँप काटकर नीचे पहुँचा देता है। 'मोहनदास' के प्रसंग में केंद्रीय घटना की गहन मार्मिकता और सांकेतिकता सीढ़ी है, तो वाचक की वाचालता और कथा-विन्यास के रंध्र साँप।

साँप और सीढ़ी, दोनों पर अभी इपंले को काफ़ी-कुछ कहना था, पर वह थक गया है। और शायद आप भी...।

इतिहास, इनसान और मुक्तिबोधीय जिम्मेदारियों का एहसास

विमल चंद्र पांडेय

योगेन्द्र आहूजा एक जटिल लेखक हैं और उनकी कहानियों पर इस सपाट पंक्ति से बात शुरू करना सबसे गलत तरीक़ा है। सही तो यह होता कि उनकी कहानियों की किसी पंक्ति, किसी पैराग्राफ, किसी किरदार या किसी महँगे कोटेशन के ज़रिये बात शुरू की जाती जो लेख में भी कुछ कुतूहल या रोमांच पैदा करता लेकिन जैसे अपनी चर्चित और उल्लेखनीय कहानी 'एक पुरानी कहानी' में वे बार-बार कहते हैं कि वह कहानी इसलिए नहीं लिखी गई क्योंकि जो कुछ भी घट रहा था उसे लिखने की ज़िम्मेदारी सिर्फ़ मुक्तिबोध की ही नहीं थी, उसी तरह यह भी ज़रूरी नहीं कि जो भी लिखा जाए उसे पाठक को रोमांचित करने या चौकाने का औज़ार बनाया जाए। लेख क्या, आलोचना क्या, कहानी तक में शिल्प में कोई भी आग्रह, विषयवस्तु के अनुसार ही शोभा देता है। उपरोक्त बात योगेन्द्र आहूजा की कहानियों की सबसे ख़ास बात है जो सहसा ध्यान खींचती है।

योगेन्द्र आहूजा उदय प्रकाश की बाद वाली पीढ़ी के उन कुछ चुनिंदा नामों में से हैं जिन्होंने अपनी लगभग हर कहानी से हिंदी साहित्य का ध्यान खींचा है और उनकी क्षमताओं को देखते हुए उनसे यह शिकायत लाज़िमी है कि उन्होंने कम कहानियाँ क्यों लिखीं, हालाँकि उनकी कहानियों की

सामर्थ्य देखकर यह शिकायत की जाती रहती है। 'एक पुरानी कहानी' 1942 की किसी रात गाँधीजी के दिए गए भाषण से शुरू होती है किसी क्लासिक फ़िल्म की शुरुआत में काली स्क्रीन पर बैकग्राउण्ड में हम यह भाषण सुन रहे हों और फेड इन होने पर हमें कहानी के पात्रों से रूबरू कराया जाता है।

योगेन्द्र की कहानियों पर सिनेमाई असर और उनकी सिनेमाई संभावनाओं पर दूसरी फ़ुरसत में बात की जा सकती है। फ़िलहाल यह ज़रूर है कि गाँधी जी के इस भाषण में कहानी को समझने का एक सहज सूत्र छिपा हुआ है जहाँ वह कहते हैं कि अब चूँकि देश आज़ाद होने वाला है, हर हिंदुस्तानी खुद को आज़ाद समझे, हमेशा सत्य के मार्ग पर दृढ रहे, लुक-छिपकर कोई काम न करे, जो लड़ाई अब होगी वह सामूहिक होगी आदि आदि। यह आज़ादी के पहले का उद्घोष है जिसमें आज़ादी के बाद की आशाएँ और सपने भी शामिल हैं। कहानी इस भाषण का क्रिटीक रचती है और एक ऐसा समाज बनने की आहट देती है जो स्पष्ट तौर पर उस सपने के उलट है जो आज़ादी के लिए देखे गए थे। नेहरूवियन आदर्शवाद ध्वस्त होने के बाद देश की अंदरूनी परतों में जो शुरूआती बेचैनी पैदा हुई थी, कहानी उसकी थाह लेते हुए बहुत आगे तक जाती है।

गाँधी जी के भाषण के जो शब्द हैं कहानी का वह अवधेश अपने पिता से उनके पैर छूते हुए कहता है–"जाता हूँ" यह अनायास नहीं है, इस संक्षिप्त से वाक्य से शुरू हुई यह कहानी जाने पर ही है और अनायास ही याद आता है कि योगेन्द्र के कई किरदार जाने कहाँ चले जाते हैं जो लौटकर नहीं आते। उनकी ख़बरें आती रहती हैं उनकी यादें, उम्मीदें कुलबुलाती रहती हैं लेकिन उनके कई पात्र हैं जो चले जाते हैं और वक्त की धूल में कहीं बिला जाते हैं। योगेन्द्र अपनी कहानियों में अपने कुछ पात्रों को गायब

कर अविश्वास और धूर्तता की जिस परत को अपनी कहानियों में पिरोना चाहते हैं वह एक-एक कहानी में तो विश्वसनीय लगता है लेकिन उनकी सारी कहानियाँ एक साथ पढ़ने पर कोफ़्त भी पैदा करता है।

योगेन्द्र की कहानियों में जो बाते, जो सूत्र अस्पष्ट दिखाई देते हैं तो इसलिए ही हैं कि लेखक उन्हें इतना ही उद्घाटित करना चाहता है। कहानी में मुक्तिबोध है और उनसे मिलने आया एक युवक है लम्बी-लम्बी कविताएँ लिखता है। मुक्तिबोध उसकी कविताएँ देखकर अंदाज़ा लगाना चाहते हैं कि यह कवि दस-बारह साल के बाद कहाँ होगा क्योंकि यहाँ हर दस बरस में जमाना बदलता रहता है और यहाँ कविता कमसिनों का कोई काम नहीं है। मुक्तिबोध उस कवि को समझाते हैं कि हिंदी के लेखकों पर और जिम्मेदारियों के साथ एक अतिरिक्त जिम्मेदारी अभिमान की जिम्मेदारी भी है।

कहानी में एक तरफ़ अवधेश और उसके पिता हैं, एक तरफ़ मुक्तिबोध हैं और दोनों कहानियों में गरम चाकू की तरह एक जासूस पैवस्त है। अजीत शर्मा के नाम के जासूस के सामने जो युवा बैठा हुआ है, उसे चाय पिलवाते हुए अजीत एक बड़ी बारीक़-सी बात पर विचार करता है कि उसकी जासूस निगाह में वह क़ाबिलियत थी कि वह सामने वाले के जेहन की उथल-पुथल, उसकी भूख, वहशत और इच्छाएँ जान लेता था लेकिन इस एहसास के साथ एक एहसास-ए-कमतरी भी जुड़ा हुआ है कि वह कभी सामने वाले की रूह का रहस्य नहीं जान पाया। इस एहसास के साथ उसे अपनी क़ाबिलियत के खोल में छिपी नाक़ाबिलियत का इल्म हो जाता है और वह मान लेता है कि अब यह उसके बस की बात नहीं। उसकी जिंदगी मे आई थकान और अस्वस्थता इस स्वीकार की ही निराशा है जैसे देश में शुरुआती आंदोलनों और उम्मीदों के बाद आख़िर देश के एक मन ने एक

दिन मान लिया कि अब यह सूरत सुधरने वाली नहीं है और सूरत-ए-हाल और फटेहाल होती चली गई। युवक कहता है कि उसे इस काम के बारे में कुछ नहीं पता। अजीत शर्मा कहता है कि वह उसे इस काम के बारे में बताएगा जिसका दायरा वैसे तो सिर्फ़ निगाह रखने और दर्ज करने तक महदूद है लेकिन आने वाले वक़्तों मे यह काम बढ़ने वाला है। वह बताता है कि एक विराट आंदोलन होगा। और सब अपने हक माँगेगे, आज़ादी में ग़ुलामी से अधिक काम होगा और इसमें उस युवक की भूमिका होनी है रपट तैयार करने की।

अजीत शर्मा अपनी कुछ बेवक़ूफ़ियों का भी जिक्र करता है जिसके बारे में सामने बैठा युवक जानना चाहता है लेकिन न तो अजीत इस बाबत कुछ बताता है, न लेखक लेकिन वे आगे स्पष्ट हो जाता हैं। अजीत शर्मा की पत्नी उनके लिए खाना ले आती है और खुद ऊपर जाने को कहती है जहाँ एक मौत हुई है। जिसकी मौत हुई है वे उनके पड़ोसी भी हैं और मकान मालिक भी, वह वहाँ जाकर औरतों के बीच बैठ मातमपुर्सी करना चाहती है क्योंकि यह ठीक नहीं लगेगा कि ऊपर मौत हुई हो और वे लोग उनके शोक को बढ़ाने की औपचारिकता न निभाएँ। एक आसन्न मृत्यु के साये में जिस तरह अजीत शर्मा अपनी जासूसी की विरासत को लेकर चिंतित था, एक समानांतर वह अपनी विरासत सामने बैठे नवयुवक को पूरी पराकाष्ठा के साथ सौंपना चाहता है। न सिर्फ़ सौंपना चाहता है बल्कि इसकी तमाम छोटी-बड़ी बारीकियों से उसे भली-भाँति परिचित भी करा देना चाहता है। साथ ही वह जल्दी-से-जल्दी उसे चार्ट देकर कासगंज की ट्रेन पकड़ना चाहता है।

इस दौरान अजीत शर्मा उस युवक को एक मानीखेज बात से परिचित कराता है। वह बताता है कि जासूसी का असली काम आज़ादी के पहले

था जब उन लोगों को दिन-रात काम में पिसना पड़ता था। कहने की ज़रूरत नहीं कि ये किस तरह की जासूसी थी और वह किन लोगों के लिए पिसा करता था। वह फिर बताता है कि अब कुछ ख़ास काम नहीं है और इस बात के बाद वह घोषणा करता है कि एक बहुत बड़ा ज़लज़ला आने वाला है। यह 'ज़लज़ला' इस बहु-परतीय कहानी के निहितार्थ को खोलता है जिसमें अजीत शर्मा बताता है कि आने वाले वक्त में अपने हक के लिए एक आरपार की लड़ाई होने वाली है जिसमें इस मुल्क का खून जो एक उछाल लेना चाहता है, उछाल लेकर थक जाएगा और फिर एक गहन थकान मे डूब जाएगा।

अजीत शर्मा को उसके गुरु विल्सन ने बताया था कि जिनकी जासूसी करनी है उनकी बातों पर कभी विश्वास नहीं करना लेकिन वह मुक्तिबोध नाम के एक कवि की जासूसी करते हुए उनकी बातों पर विश्वास करने लगता है और यहीं से हम उसकी खुद को कोसने वाली बेवक़ूफ़ी का सूत्र पकड़ने की कोशिश कर सकते हैं। वह विचारों के नशे में रहने वाले लोगों की बातें, सुनता है और उनकी उद्विग्नता का कारण जानने की कोशिश करता है। अजीत शर्मा जैसे लोगों के लिए तो दुनिया में सब ठीक ही चल रहा है फिर मुक्तिबोध के साथ बैठे कवि और विचारक इतने उद्विग्न, इतने बेचैन परेशान और अशांत क्यों रहते हैं, यह समझने की कोशिश करना अजीत शर्मा की भूल साबित होती है। उद्विग्नता को समझने की कोशिश में, वह संभवत: इसके कारण भी समझने लगता है और तभी संभवत: उसे जल्दी-से-जल्दी कासगंज की ट्रेन पकड़ने की धुन ने पहली बार हुरपेटा होगा। वह युवक को बताता-बताता रुक जाता है कि मुक्तिबोध के आसपास रहते हुए उसे भी विश्लेषण की क्षमता मिली और उसने विश्लेषण किया तो पाया कि उसने क्या पाया वह उस पर नहीं जाता क्योंकि उस पर जाने से फिर उसके

सामने बैठा नौकरी का चार्ट लेने आया युवक पता नहीं चार्ट ले या नहीं। वह कभी अपने काम के प्रति ईमानदार होना चाहता है, तो कभी उस विश्लेषण के प्रति लेकिन गुरू विल्सन की बातें उसे अपने काम के प्रति ईमानदार होने को प्रेरित करती रहती हैं। वह मुक्तिबोध से अपनी एक मुस्कराहट के आदान-प्रदान का जिक्र करता हुआ कहता है कि उनके मुस्कराने के बदले में वह भी मुस्कराना चाहता था लेकिन उसे अचानक याद आ गया कि वह एक भेदिया है। कहानी के इस प्रसंग से हमें तमाम ऐसी समकालीन खराब कहानियों की याद आना लाज़िमी है जहाँ किसी व्यक्ति, समुदाय या महकमे को किसी बात का सीधा जिम्मेदार बनाकर तंत्र के जटिल समीकरण को डिकोड करने की कोशिश के आगे घुटने टेक दिए जाते हैं। यहाँ स्पष्ट है कि अजीत शर्मा एक बड़ी मशीन का पुर्जा है जो मुस्कराना तो चाहता है लेकिन उसका भेदिया होना उसकी मुस्कराहट को रोक देता है। बड़ी सफाई से यह बात सामने रखी गई है कि पूर्जे जो भी हों उनकी अपनी स्वायत्तता को लेकर बड़े खुलासे करने की ज़रूरत कतई नहीं होती क्योंकि उनका शक्ति केंद्र उनसे दूर बैठकर उन्हें नियंत्रित करता है, हाँ यह दीगर बात है कि हर पुर्जा अपनी जगह अपरिहार्य होता है। अजीत शर्मा की बातों से उसका अपराध-बोध झलकते-झलकते रह जाता है, वह उसे बड़ी सफाई से छिपा ले जाता है लेकिन मुक्तिबोध जैसे कवि के आसपास रहने से उसके भीतर जो जागरूकता और विश्लेषण क्षमता पैदा हुई है, उसने उसे पहले जैसा नहीं छोड़ा, उसे बदल दिया है और चार्ज देते हुए वह इन्हीं बातों से सावधान रहने की बात उस युवा को अपनी विरासत के तौर पर देता है। वह बताता है कि एक दिन आएगा जब सारा इतिहास धूल में मिल जाएगा और कविताओं का लिखा जाना बंद हो जाएगा। पुरानी कविताएँ भी धीरे-धीरे भूला दी जाएँगी और तब तुम्हारा काम खत्म होगा और तुम घर जा सकोगे।

कहने की ज़रूरत नहीं कि अजीत शर्मा का किरदार और 'एक पुरानी कहानी' जैसी कहानी क्यों आज के समय में और प्रासंगिक होती चली जा रही है और आने वाले वक्त में इसके और भी प्रासंगिक होते चले जाने की आशंका है। 'आशंका' इसलिए क्योंकि वह वक्त बीच-बीच में अपनी झलक दिखाने लगा है जिसके बारे में, अजीत शर्मा उस युवा को बताता है। कविताएँ लिखने वाले और कविताएँ पढ़ने वाले भयानक दर से कम हो रहे हैं, कम-से-कम खतरा उठाकर कविताएँ लिखने वाले तो कम होते ही जा रहे हैं। कविताओं में गाली की ईजाद करने वाले जाने कहाँ बिलाने लगे हैं और कविताओं के नाम पर मुकुट और सत्ता का यशोगान बड़ी सफाई से मुख्यधारा में आने लगा है। अजीत शर्मा अब इस काम के लिए एक युवा को लगाना चाहता है क्योंकि यह काम अब उसके लिए मुश्किल हो चुका है और वह इसके लिए अपने गुरु विल्सन से भी माफी माँग चुका है। वह युवक बड़ी मुश्किल से सोने के बाद जो सपना देखता है उसमें वह अवधेश और उसके पिता को देखता है। उसके पिता उसके काम के बारे में पूछते हैं तो वह बताता है कि काम कभी रुका नहीं, वह हर पल चल रहा है। वह अपने पिता के बारे मे पूछता है जो उसे बताते हैं कि वह पूरा नहीं लिख सके हैं, जितना वह लिखते हैं, वह हर रोज़ उतना ही बढ़ जाता है।

एक समर्थ कहानीकार वही होता है जो अपनी कहानी मे ऐसे भविष्य को देखे और उसकी झलक पाठकों को भी पेश करे जो वर्तमान में स्पष्ट भले न हो, उसके सूत्र उसकी भविष्यवाणी आहटों को विश्लेषित करते हों। कहानीकार ऐसे सूत्रों से उन आहटों को पहचान लेता है और शंका व्यक्त करता है जो एक समय के बाद स्पष्ट दिखाई देने लगती है। योगेन्द्र आहूजा इस कहानी में आज़ादी के दशकों बाद के समय पर ऊँगली रखते हुए शताब्दियों बाद की एक भयावह तस्वीर की ओर इशारा करते हैं जिसकी

झलक हम पिछले कई दशकों से देख ही रहे हैं। उसी सपने में जब अवधेश अपने पिता की लिखी इबारतों पर अपने खून से सने पैर रखकर चला जाता है तो अनायास ही आह कि एक सर्द लकीर दिल को चीरती हुई पूरे वज़ूद को सुन्न कर जाती है। यह ज़रूर है कि परतदार होने के बावज़ूद इसकी हर परत उतनी ही ज़रूरी या निश्चित नहीं महसूस होती, कहानीकार की भाषा पर जबरदस्त पकड़ है और इसे उनकी खूबी माना जाता रहा है लेकिन कई बार यह कथ्य को अतिक्रमित करने की कोशिश करती है। जैसे किसी फ़िल्म का कोई दृश्य डिजाल्व हो रहा हो और कहानी के कुछ हिस्से उस डिजाल्व में ही फ़िल्मा लिए जाएँ। ये हिस्से कई बार संशय भी पैदा करते हैं और कई बार कहानी में सिनेमैटिक लिवर्टी लिए जाने का आभास भी देते हैं जो कहानी की कमज़ोरी बनकर सामने आते हैं क्योंकि कहानीगत लिबर्टी जैसी कोई बात नहीं होती। मिसाल के तौर पर अवधेश के घर में सालों बाद रहने आया किरायेदार जासूसी की उसी शृंखला से संबंध रखता है जिसका अवधेश के गायब होने में हाथ होगा। अवधेश के घर में जासूस का आकर रहना, जासूस का एक युवा जासूस को सब डॉक्यूमेंट हैण्डओवर करने की बात और उसी रात अवघेश के पिता की ऊपरी तल्ले में मौत एक जबरदस्त दृश्य विन्यास और सिनेमैटिक तौर पर एक सनसनीखेज और कला-दृश्य उपस्थित करता है लेकिन इसके पीछे कहानी में न तो कोई सूत्र है और न ही कोई तार्किक कारण।

'एक पुरानी कहानी' जरूर पुराने समय में जाती है लेकिन वहाँ से जो सूत्र उठाकर लाती है, वह स्पष्ट इंगित करते हैं कि यह कहानी न तो पुरानी हुई है और न ही इसमें व्यक्त किए गए खतरे टल गए हैं बल्कि अब वे खतरे आसन्न मृत्यु की गंध लेकर हमारे जीवन में इस कदर सेंध लगा चुके हैं कि हम उस पूरी तरह से अव्यवस्थित जीवन में खुद को व्यवस्थित मान

कर सहज होने लगें। मुक्तिबोध कहानी में एक जगह कहते हैं कि उनकी कविताओं में जहाँ-जहाँ इतिहास आया है उसे काटकर इनसान किया जा सकता है और इस सूत्र का सहारा लेकर हमें यह कहानी समझा देती है कि हमारा इतिहास भी खतरे में है और इसके बरक्स जो नया इतिहास बनाया जा रहा है वह एक दिन भस्मासुर इतिहास साबित होगा।

वापसी मुमकिन नहीं : जलडमरूमध्य

मनोज कुमार पाण्डेय

अखिलेश ऐसे कथाकार हैं जो अपनी कहानियों के लिए लम्बा वक्त लेते रहे हैं। और इधर तो उन्होंने जितनी भी कहानियाँ लिखी हैं सब की सब लम्बी कहानियाँ हैं। एक औपन्यासिकता लिए हुए। 'जलडमरूमध्य' उनकी लम्बी कहानियों का प्रस्थान-बिंदु है। इसके पहले की उनकी कहानियाँ लम्बाई में भले ही लम्बी कहानियों जैसी रही हो पर उनमें वह तत्त्व अपेक्षाकृत कम थे जो उनकी बाद की कहानियों को उपन्यास के क़रीब ले जाकर खड़ा कर देते हैं। मतलब यह कि यह सिर्फ़ लम्बाई का मामला नहीं है न सिर्फ़ यह बहुस्तरीयता का मसला है जो अखिलेश की कहानियों में पहले भी समाई रही है। यह एक संश्लिष्ट जीवन-दृष्टि का मामला तो है ही साथ में यथार्थ को एक बड़े कालखंड में उठाने का भी मसला है, जोकि 'जलडमरूमध्य' में आकर एक मुकम्मल आकार पाती है। अखिलेश के यहाँ पहले भी किसी किस्म के सपाट इकहरेपन का अभाव था पर 'जलडमरूमध्य' में और इसके बाद की कहानियों में वह संश्लिष्टता और भी घनीभूत होकर प्रकट होती है, किस्से कई-कई तरफ़ खुलते हुए। यथार्थ की कई-कई परते जो जितना बाहर की तरफ़ खुलती हैं उतना ही भीतर–किसी एक केंद्रीय कथा सत्ता की तरफ़ भी। इस लिहाज से भी अखिलेश की कहानियों में 'जलडमरूमध्य' बेहद महत्त्वपूर्ण कहानी है पर इससे भी ज़्यादा महत्त्वपूर्ण यह इसलिए है क्योंकि यह उदारीकरण के

बाद हमारे समाज में घटित हुए परिवर्तनों को उनकी छोटी-छोटी छायाओं तक के साथ पकड़ती है। इस कहानी में पिछले पच्चीस साल का यथार्थ सीधे-सीधे उपस्थित है और अपनी विशिष्ट संरचना की वजह से यह अपने पहले और बाद के समयों में भी अपनी उपस्थिति दर्ज करती है।

यह सहाय बाबू की अगली-पिछली पीढ़ियों की कहानी है। पर केंद्रीय रूप से यह सहाय बाबू की ही कहानी है। जो अपने समय में उनकी सामाजिक उपस्थिति, अपने समय में हस्तक्षेप की शक्ति के बावज़ूद उनकी तटस्थता, एक ख़ास तरह की मोहक मूल्य संरचना से शुरू होती है और उनके नपुसंस शाप पर समाप्त होती है जिसमें वे यह कहते हैं कि–"मगर देखना जो कोई यह संपत्ति खरीदेगा नाश हो जाएगा उसका। तुम लोग–हाँ तुम लोग भी सुखी नहीं रह पाओगे। चिरैयाकोट से जो भी नाता तोड़ेगा, हमेशा दुख भोगेगा। हे ईश्वर! हे देवताओं और देवी माताओं! तुम सब चिरैयाकोट के इन दुश्मनों को दंड देना...।" सहाय बाबू से पूछने का मन होता है कि 'चिरैयाकोट' इतना ही प्यारा था तो उसे छोड़कर गाँव जाने का क्या मतलब था। यह एक महत्त्वपूर्ण सवाल है जिसके बहाने सहाय जी के जीवन और उनकी रहस्यमय बीमारियों की पड़ताल की जा सकती है। यह सहाय बाबू के माध्यम से ऐसे लोगों की कहानी है जिन्हें लग रहा था कि समय उनकी मुट्ठी में है और उन्हें पता ही नहीं चल पाया कि समय कब उनकी मुट्ठी से फिसलता चला गया। और जब पता चला तो वे अचानक से एक अवसाद या जड़ता की स्थिति में पहुँच गए। वे अपने आत्ममुग्ध वैभव में इतने खोये रहे कि बदलते हुए समय पर उनकी निगाह ही नहीं गई और जब गई तो समय इतना बदल चुका था कि उससे पार पाने का कोई रास्ता उनके पास बचा ही नहीं था। और अगर कोई रास्ता था भी तो उस पर चलने का उन्हें कोई अभ्यास ही नहीं था।

सहाय बाबू के दिमाग में एक शहर है। 'चिरैयाकोट' जिसमें वे रहते हैं और जहाँ वे बेहद सम्मानित व्यक्ति हैं। खूब पैसा बनाया है पर वे सिर्फ़ पैसे के पीछे ही नहीं भागते बल्कि कलात्मक अभिरुचियों से संपन्न व्यक्ति हैं। यहाँ तक कि उनके पास बेगम अख्तर, नूरजहाँ और बड़े गुलाम अली खाँ के सारे रिकार्ड थे। इतना ही नहीं उन्होंने एक शायर, एक सारंगीवादक और तीन रक्काशाओं जैसे कई हुनरमंदों की गाढ़े वक्त में खासी इमदाद भी की थी। और सभी संप्रदाय के लोगों के बीच उनका आत्मीयतापूर्ण आमदरफत था। जाने कितने मुसलमान भी उनके दोस्त को चिरैयाकोट के मध्यमार्गीय संसार में सहाय बाबू की उपस्थिति एक केंद्रीय हैसियत रखती थी। और वे इस शहर से प्यार भी करते हैं। देखें–"जैसे उनको चिरैयाकोट का नशा था। दरअसल यह शहर उनकी लीलाभूमि था। इसके जर्रे-जर्रे का स्पर्श उनके पैरों में था। उनके रंध्रों में यहाँ के वृक्षों की हवाएँ थीं और आँखों में ढेर सारे अक्स। कितने सारे दोस्त और दुश्मन थे। कैसे इससे मुँह मोड़कर चले जाते वह?" पर अब वे इस शहर को छोड़कर जा रहे हैं। सवाल यह है कि क्यों? कहानी में इसके कई संभावित जवाब हैं। और लगभग सभी जवाब 'चिरैयाकोट' की आबोहवा से जुड़ते हैं। सवाल यह है कि शहर के माहौल में घुलते जहर को वे भाँप कैसे नहीं पाए इसीलिए अचानक यह साम्प्रदायिक तनाव उनकी संवेदना पर गहरा असर करता है। इसी के साथ-साथ उदारीकरण के पश्चात तेजी से घटित हो रहे अन्य बदलाव जैसे–शहर में अचानक से दुकानों का बहुत बढ़ जाना भी उनकी चेतना पर नकरात्मक असर डालते हैं। ऐसा संभवत: इसीलिए होता है कि उनकी सारी दिख रही सक्रियता के बावज़ूद उनका अपने समकालीन यथार्थ से कोई नाता बचा ही नहीं है। वे एक मनोलोक में रह रहे हैं जोकि स्मृतियों और कुछ मासूम भ्रमों से बना हुआ है। उनके इस मनोलोक में जब यथार्थ अपने कटु रूप

में प्रवेश करता है तो उनका सपनों जैसा सम्मोहन छिन्न-भिन्न हो जाता है और तब वे अपने पुश्तैनी गाँव लौटने का फैसला करते हैं।

पर फिर वही बात कि यह गाँव भी उनके मनोलोक में ही है। असली गाँव में वह पिछले कई सालों से नहीं गए। अपनी अकेली रह रही चाची की कोई खोज-खबर भी उन्होंने नहीं ली। इसके बावज़ूद जब वह गाँव गए तो बेहद बूढ़ी और अपनी जुझारूपन वाले व्यक्तित्व के बावज़ूद आख़िरकार छिन्न-भिन्न चाची में कोई गर्मजोशी न पाकर अचंभित है। आख़िर क्यों अचंभित होना चाहिए उन्हें? या बाद में चिन्मय के विचारों पर क्यों दुखी होना चाहिए उन्हें? क्या चिन्मय को दिल्ली में घर और कार के लिए वही चेक काटकर नहीं आए थे? जब सहाय बाबू खुद अपने तमाम महान मूल्यों के बावज़ूद चिरैयाकोट में रहकर भी कभी गाँव नहीं लौट पाए या कि गाँव से कोई जीवित संबंध नहीं रख पाए तो वे अपने बेटे चिन्मय से ऐसी उम्मीद भी कैसे कर सकते हैं कि वह गाँव या चिरैयाकोट लौटेगा कभी। तो अगर चिन्मय लौटेगा नहीं तो सहाय बाबू का इकलौता वारिस होने के नाते वह क्या करेगा? वह उस संपत्ति को बेचेगा और वहाँ से प्राप्त धन को कहीं और लगाएगा। ठीक है कि चिन्मय की जल्दबाजी गलत है पर उसे समय का दबाव क्यों न माना जाए? आख़िर पैसा बनाने का जो दबाव सहाय बाबू और उनके पिता पर रहा है वह चिन्मय पर क्यों न काम करे? और यह भी देखने की बात है कि उसके मन में सहाय जी की तरह गाँव की कोई स्मृति नहीं है तो जब संपन्न स्मृति के बावज़ूद खुद सहाय जी कभी गाँव वापस नहीं लौट पाए तो चिन्मय भला कैसे लौटेगा? क्या इस स्थिति के लिए चिन्मय ही पूरी तरह से दोषी है? क्या सहाय जी जो अपने को लगातार पीड़ित महसूस कर रहे हैं इसमें उनकी कोई गलती नहीं है?

जाहिर है कि सहाय जी उस वर्ग के प्रतिनिधि हैं जो यथार्थ से पूरी तरह से कटा हुआ है। अपने यथार्थ से कटे हुए विश्वासों पर वह खुद तो अमल करते ही हैं पर दूसरे भी उन पर अमल करें इस बात की कोई कोशिश वह पूरी कहानी या उससे भी परे अपने जीवन में कहीं भी करते नहीं दिखाई पड़ते। किसी को भी अपने से सहमत करने के लिए वे किसी बहस में नहीं उतरते। वे चुप रहते हैं या फिर फैसला करते हैं। यहाँ तक कि अपनी पत्नी कौशल्या या बेटे चिन्मय तक को अपने से सहमत कर पाने की कोई कोशिश करते वे कभी नहीं दिखाई पड़ते। सवाल तो यह भी है कि चिन्मय के तौर-तरीकों या उसके लालची सपनों के लिए सहाय जी को भी क्यों न जिम्मेदार माना जाए अगर उन्होंने उसकी परवरिश उसी रुपये-पैसे वाली भाषा में की है तो इसमें उसका क्या कसूर? आख़िर अब वह कौन-सी भाषा सीखे या बोले? कहानी यहाँ पर मध्यवर्ग की सबकुछ पैसे वाली नई पीढ़ी के इस हश्र के बारे में साफ संकेत करती है कि इसमें पुरानी पीढ़ी—जो कि अब छाती पीट रही है—भी कम उत्तरदायी नहीं है। कुछ ज़्यादा ही रंगीन सपनों का यह पौधा उसी ने रोपा था जो कि अब ऐसे छतनार वृक्ष में बदल गया है जिसके नीचे रोशनी की एक किरण भी नहीं आ रही है। चमक-दमक भरा एक भयानक अँधेरा है। इसके बावज़ूद यह भी ध्यान रखने की बात है कि चिन्मय और मनजीत के संबंध आपस में कितने भी बुरे क्यों न हों पर वह सहाय जी और कौशल्या के संबंधों की तुलना में बहुत बेहतर हैं जहाँ पर कौशल्या कहानी में सहाय जी की अनुगामिनी भर है।

कहानी में सहाय जी के पिता के बारे में सूचना है कि—"वे रजिस्ट्रार ऑफिस में बड़े बाबू थे और बेइंतहा पैसा कमाते थे। कहा जाता है कि वह चिरैयाकोट के मोतीलाल नेहरू थे और सहाय जी जवाहरलाल नेहरू। जब सहाय जी लखनऊ में वकालत पढ़ने गए तो उनके पिता ने उन्हें मोटर

ख़रीदकर दी थी। वहाँ वह शाम को दोस्तों को मोटर में बिठाकर हज़रतगंज की सैर करते थे।...चिरैयाकोट के जवाहरलाल नेहरू स्वयं अच्छे वकील बने। वकालत के पेशे से उन्होंने काफ़ी दौलत जुटाई थी।" तो जब सहाय जी के पिता जी ने 'बेइंतहा पैसा' बनाया था तो वह ईमानदारी से तो नहीं ही बनाया होगा। और खुद चिरैयाकोट के जवाहरलाल नेहरू सहाय जी ने उत्पीडितों का मुक़दमा लड़कर तो पैसा नहीं ही जुटाया होगा। और फिर जब उनका अपने गाँव से नाता तोड़कर चिरैयाकोट में रहना गलत नहीं था तो चिन्मय का दिल्ली में रहना और उसके आसपास प्रापर्टी आदि बनाने की बात करना गलत कैसे हो गया जिससे कि सहाय जी इतने दुखी हैं? यहाँ सहाय जी को नेहरूवियन मूल्यों के फेल्योर से भी जोड़कर देखा जा सकता है। कहानी में एकाधिक जगहों पर सहाय जी की नेहरू से तुलना है। अपनी जिन नीतियों को नेहरू ने आगे बढ़ाया, बाद में उन्हीं के सामने वह असहाय कैसे हो गए? लोकविश्वास के अनुसार सहाय जी अपनी गरीब भाभी की मदद पतंग उड़ाते समय पतंग में पैसा बाँधकर करते थे। यह नेहरू के कबूतर उड़ाने जैसा ही प्रदर्शन प्रिय तरीक़ा है। सहाय जी की शौक़ीनियों के जो किस्से कहानी में आए हैं वे भी उनकी समाज-निरपेक्ष उच्च-मध्यवर्गीय दृष्टि ही रचते हैं। और जब यही छवि उनके बेटे में ट्रांसफर हो जाती है तो वे कभी आँसुओं के सूखने की बीमारी से ग्रसित होते हैं तो कभी बात-बात पर रोने की।

दरअसल इस शानदार कहानी में एक छोटी-सी दिक्कत है। वह यह कि इसमें सहाय जी का चरित जिस लेखकीय लगाव व तन्मयता से रचा गया है वैसा ही लगाव या वैसी ही तन्मयता चिन्मय और मनजीत के हिस्से नहीं आई। और यहीं से तमाम तरह की प्रचलित आलोचकीय आसानियाँ शुरू हो जाती हैं। जिनके शिकार इस कहानी पर लिखते हुए अनेक आलोचक

हुए। वहाँ उन्होंने कहानी में शुरू से आख़िर तक निहित रचनात्मक गवाहियों की अनदेखी की और इस तरह से उन्हें सहाय जी आदर्श लगने लगे और चिन्मय और मनजीत बुरे और उपभोक्तावादी विकृतियों के शिकार, जो कि वे हैं भी; पर सहाय बाबू और आदर्श जमीनी तौर पर देखें और ख़ासकर सहाय जी और चिन्मय दोनों को उनके समय के संदर्भ में देखें तो दोनों में कोई विशेष अंतर नहीं है। फ़र्क़ है तो बस समय का है या कि उसकी गति का है। जो चीज़ें या प्रवृत्तियाँ सहाय जी को विरासत में मिली थीं और जिन्हें सहाय जी ने आगे बढ़ाया, अब चिन्मय और मनजीत के समय में उन्होंने निर्वाचक गति पकड़ ली है। चिन्मय और मनजीत शिकार ही हैं इस समय के, पर मुश्किल यह रही कि कहानी में व्याप्त अन्य स्थितियों की अनदेखी करते हुए एक सपाट राह पर चलने के आदी अनेक आलोचकों ने उन्हें शिकारी समझ लिया और उनके साथ इसी तरह का बरताव किया। और इस तरह इस कहानी का यह पाठ निकला कि मध्यवर्ग के मूल्यों पर आधारित सुरुचिपूर्ण जिंदगी देखते-ही-देखते चिन्मय और मनजीत की भयानक उपभोक्तावादी दुनिया में बदल गई। आख़िर क्या यह अचानक से हुआ कि नई आर्थिक नीतियों के लागू होते ही लोग रातों-रात बदल गए या कि पूर्व-पीठिका बहुत-बहुत पहले से लिखी जा रही थी। यहीं पर वरिष्ठ लेखिका ममता कालिया का उपन्यास 'दौड़' भी याद किया जा सकता है जो ऐसी ही स्थितियों को अपना विषय बनाता है।

कहानी में स्मृतियाँ एक निर्णायक भूमिका में हैं। सहाय जी एक जमींदार घराने से आते हैं, उसकी स्मृतियाँ हैं। आसपास के लोगों के प्रजा होने की स्मृतियाँ हैं। चिरैयाकोट में ही नहीं गाँव में भी वैभव का एक साम्राज्य फैला हुआ है। पर क्या पूरे गाँव के लोग सहाय जी के परिवार की तरह ही वैभवशाली थे? अगर नहीं तो उदारीकृत भारत में और बदहाल होते चले

जाने के बाद अगर वे सिक्कों या किसी काल्पनिक खजाने की तलाश में सहाय जी का पूरा घर खोद डालते हैं तो यह सहज-स्वाभाविक भले ही न हो, पर इस स्थिति को सहानुभूतिपूर्ण ढंग से समझना कोई कठिन काम भी नहीं है। पर सहाय जी की दिक्कत यह है कि वे अपने वैभव के जिस काल में जी रहे हैं उसमें उन्हें अपने आसपास के तेजी से बदल रहे यथार्थ की खबर ही नहीं होती। उन्होंने कभी खबर लेने की कोशिश भी नहीं की। अपनी चाची तक की नहीं जो नितांत अकेली एक विशाल और पुरानी हवेली में प्रेत की तरह भटक रही थी। तब फिर वह गाँव वालों की सुधि भला कहाँ से लेते या कि उनकी वास्तविक स्थिति की खबर उन्हें कैसे लगती? ऐसे ही चिरैयाकोट में बन रही दुकानें या बढ़ रही सांप्रदायिकता सबसे वे अनजान ही बने रहते हैं। जबकि कहानी यह भी बताती है कि वे रमजान में मुसलमानों को रोजा अफ्तार की दावत भी दिया करते थे। और बेहद गर्मजोशी से ईद वगैरह में मिलने भी जाया करते थे। पर कहानी यह भी बताती है कि यह गर्मजोशी कितनी ठंडी थी। कितनी सतही और औपचारिक थी। तभी वह शहर में पक रहे सांप्रदायिक तनाव को नहीं पकड़ पाए और जब यह तनाव अपनी पूरी क्रूरता और विभत्सता के साथ घटित हुआ तो वे बुखार में बस दुःस्वप्न ही देखते रहे जबकि चिरैयाकोट में उनकी निर्णायक स्थिति को देखते हुए उस तनाव को दूर करने में उनकी एक सक्रिय भूमिका हो सकती थी। पर हस्तक्षेप तो तब बने जब उन्हें कुछ पता हो या कि वे पता करने की कोशिश करें। पर यह सब करने की बजाय वे गाँव जाने यानी पलायन करने का फैसला करते हैं। पर जब यथार्थ आपका चारों तरफ़ से पीछा कर रहा हो तो पलायन असंभव है और तब फिर आँसुओं के सूखने या बात-बात पर रोने की अजीबो-ग़रीब बीमारियाँ प्रकट होती हैं। सवाल यह है कि ऐसे सहाय जी का इसके अतिरिक्त कुछ और भी हो सकता था क्या?

और आख़िर में चिन्मय और मनजीत वे सहाय जी के बेहद स्वाभाविक उत्तराधिकारी हैं पर यह समय है जिसने सहाय जी पर बहुत सारे मोहक आवरण डाल रखे थे और यह भी समय ही है जिसने चिन्मय और मनजीत के ऊपर के सारे आवरणों को खीच लिया है जिसकी वजह से वे एकदम नंगे दिखाई देते हैं। सवाल यह है कि चिन्मय और मनजीत को जहाँ फेंक दिया गया है और ऊपर से वे जिस वर्ग से आते हैं वहाँ उनके पास दूसरे कौन-से विकल्प हो सकते थे? सहाय जी के पास भले ही तमाम विकल्प हो सकते थे पर उनकी तुलना में चिन्मय और मनजीत के पास विकल्प न के बराबर हैं। 'जलडमरूमध्य' भूगोल का एक शब्द है जो एक ऐसी भौगोलिक स्थिति के लिए प्रयोग किया जाता है जहाँ दो तरफ़ स्थल हों और उनके बीच पानी का एक संकरा इलाका जो जमीन के दोनों तरफ़ डमरू की आकृति में फैला हुआ दिखता हो। यह शीर्षक कहानी को बेहद स्वाभाविक कोण देता है। समय की एक बेहद संकरी पट्टी है जो सहाय जी और चिन्मय को अलग करती है बावज़ूद इसके कि दोनों मिलकर एक जैसी स्थिति ही बनाते हैं। यह स्थिति 'जलडमरूमध्य' की है। भौगोलिक 'जलडमरूमध्य' बजता नहीं पर यह कहानी में आकर कुछ इस तरह से बज रहा है कि उसके नाद में हम भारतीय मध्यवर्ग का पूरा पतन राग सुन सकते हैं।

रूढ़ आइडियोलॉजी एवं सक्रिय कार्यकर्ताओं का द्वन्द्व

राजीव कुमार

सृंजय की कहानी 'कॉमरेड का कोट' हिंदी की उन कुछेक कहानियों में रही है जिसके प्रकाशन के साथ ही हिंदी कहानी के पूरे परिदृश्य पर हलचल-सी मच गई। 'हंस' में फरवरी, 1989 में इसके प्रकाशन के पश्चात मार्च से जुलाई, 1989 के अंकों में लगातार इस पर बहस चली। हालाँकि ज़्यादातर प्रतिक्रियाओं में मोर्चाबंदी ज़्यादा और कहानी को समझने का प्रयास कम था। चूँकि यह कहानी वाम सत्ता-शीर्ष से टकराती है और उसके सर्विस मैन्यूअल (ध्यान रहे कि कहानी की विचारधारा के मूल एसेंस से कोई टकराहट नहीं है।) को प्रश्नांकित करती है इस कारण 'सत्ता-विशेष' से प्रश्न-रहित एकता महसूस करने वाले विचारकों ने अपनी भावावेश से भरी प्रतिक्रिया में इस कहानी को विचारधारा का घाती ठहरा दिया, जबकि कहानी के माध्यम से आत्म-समीक्षा का एक अवसर था। संकट यह घटा की भावातिरेक में इन्होंने मूल प्रश्न को ख़ारिज कर दिया। दूसरी ओर वाम से बिदके हुए बुद्धिजीवियों ने इसे अवसर के रूप में लपका एवं उन बिंदुओं को खासे उत्साह से दोहराया जहाँ से सत्तासीन वाम पार्टी और प्रकारांतर से समूचे वाम को प्रश्नांकित करने की सहुलियत मिलती थी। इस प्रकार यह एक आघात योग्य (Vulnerable) कहानी बन गई जिसका इच्छानुसार प्रयोग किया जा सकता था।

प्रश्न उठता है कि क्या 'हंस' के उन अंकों में गुणी जनों की व्याख्याएँ गलत थीं। नहीं, वे सही थे, लेकिन कहानी से बाहर। वे सत्तासीन वाम दल की रीति-नीति पर उलझ गए जबकि साहित्य की परिधि में उस रेफरेंस को मेटाफर के रूप में लेना था। कहानी जनपक्षधरता की वकालत करने वाले किसी भी समूह के घोषित उद्देश्य एवं जमीनी कार्यकलाप के बीच आए गतिरोध को प्रत्यक्ष करती है। कहानी के केंद्र में पार्टी नहीं नेतृत्व का चाल-चरित्र था। यह नेतृत्व कहीं भी हो सकता था (है)–वाममार्गी, मध्यमार्गी, मानवतावादी–कहीं भी। नेतृत्व का चरित्र बहुत कम अंतर से प्राय: हर जगह नहीं है। हाँ यह ज़रूर है कि वाम में ऐसा होना ज़्यादा अखरने वाली बात है।

यहाँ एक बारीक़ी को स्पष्ट करते चलें। इस लेख का उद्देश्य यह स्थापित करना नहीं है कि 'कॉमरेड का कोट' में आलोचना के घेरे में कुछ राज्यों में सत्तारूढ़ रहे वाम दल नहीं हैं या कि हैं। यहाँ यह समझना अभीष्ट है कि अगर ऐसा है तो किस रूप में है। उदाहरणस्वरूप कहना चाहूँगा कि वह उसी तरह है जैसे यशपाल की महान कृति 'झूठा सच' में नेहरू आदि पात्र हैं, ना कि ऐतिहासिक व्यक्तित्व। फर्ज कीजिए अगर इस कहानी में कमलाकांत की जगह रामगोबिन मास्टर आ जाएँ तो क्या मीटिंग किसी उत्सव की तरह संपन्न न हो जाती। दरअसल 'कॉमरेड का कोट' में आइडियालॉग–रक्तध्वज जी, पार्टी के मुखपत्र से संबंधित आलोक भट्टाचार्य, जिला कमेटी के सचिव चक्रधर जी, राज्य कमेटी के सचिव सत्यार्थी जी और इन सबके साथ चिपके तथा इन्हें बरगलाते रामगोबिन मास्टर; दूसरी ओर कमलाकांत उपाध्याय, मद्धिम जादव, भूइलोटन गड़ेरिया, जियावन रैदास आदि–ये दोनों समूह एक ही विचारधारा के अंदर दो वर्ग (दो पार्टी लाइन नहीं)–'सत्ता' एवं 'समान्य'–'शीर्ष' एवं 'पद' के प्रतिनिधि हैं। इनके बीच

उठ रही समस्या दस्तावेजी राजनीति एवं जमीनी मुश्किलों का द्वन्द्व है। यह कार्यक्षेत्र से बाहर होने का गफिलपन एवं कर्मक्षेत्र में मौजूद चुनौतियों का द्वन्द्व है। ऐसे में अर्चना वर्मा का यह कथन सत्य प्रतीत होता है कि– "रक्तध्वज और आलोक भट्टाचार्य एक विश्व-दृष्टि लेकर मीटिंग में आए हैं। दिक्कत यह है कि कमलाकांत के पास एक सचमुच का विश्व भी है और वहाँ की जिंदगी की न केवल असहनीयता बल्कि अब तो असंभवता का वह वर्तमान भी जिसके समक्ष 'व्यापक जन आंदोलन' और क्रांति का नारा अगले किसी जन्म में मिलने वाले स्वर्ग के वादे की तरह लगता है।" (हंस, जुलाई, 1989)

इस उद्धरण में अर्चना वर्मा आमजन, शोषित-पीड़ित-वंचित जन के समकक्ष मौजूद मुश्किलें तथा उन मुश्किलों से राहत की कोई सूरत न बनती दिखाई देने वाली जिस परिस्थिति को रेखांकित कर रही हैं, वहीं वह बिंदु है जहाँ से खीज में संसदीय व्यवस्था की तुलना सांड़ के अंडकोष से की जाती है तथा क्षोभ में हथियार की ओर मुड़ने की बात की जाती है। हथियार किसी समस्या का समाधान नहीं हो सकता है। उस हद तक कमलाकांत निश्चित ही गलत है लेकिन उनकी सोच को इस सीमा तक घसीट लाने के लिए क्या नेतृत्व वर्ग और उनकी कार्य-प्रणाली जिम्मेवार नहीं है। रोज़-रोज़ की भूख, बीमारी, पिटाई एवं नाकेबंदी को क्या यूँ ही टाला जा सकता है। रणनीतिकार अनंत समय के बाद एक आदर्श जीवन-स्थिति का प्रस्ताव करते हैं, लेकिन तब तक की जिंदगी कैसे कटेगी? ऐसा नहीं है कि शीर्ष इसे समझता नहीं है, लेकिन एक ओर तो वह रामगोबिन मास्टर जैसे भीरू आदमी से 'मिसगाइड' हो रहा है, दूसरी ओर वह अति-अनुकूल परिस्थिति की प्रतीक्षा में है–"..ज़रूरत है विभिन्न तबकों के किसानों को अउर खेतिहर मजदूरों को संगठित करने की। यदि अइसा,

एक बड़ा-सा संघम बन जाता है तो ये सामंती उत्पीड़न अपने आप बंद हो जाएँगे।" (कॉमरेड का कोट (कहानी-संग्रह), राधाकृष्ण प्रकाशन, 1993, पृ०–133) यह थीसिस अपनी जगह तो ठीक है, लेकिन भूखे-पस्तहाल बड़े संघम के निर्माण तक टिकेंगे कैसे इसकी भी तो कोई व्यवस्था होनी चाहिए। समस्या और भी है संघर्ष में सबसे अग्रिम मोर्चे पर जूझ रहा मजदूर एवं किसान और कुछ देख रहा है और विचलित हो रहा है। नेतृत्व वर्ग के कुछ लोग सुविधाभोगी हो गए हैं। उनका चरित्र दीर्घकालिक संघर्ष के लिए कोई आस्था उत्पन्न नहीं करता, बल्कि मोहभंग पैदा करता है। स्थिति तब जटिल हो जाती है जब ऐसा व्यक्ति निर्णय-प्रक्रिया में शामिल हो जाता है। "कॉमरेड चक्रधर जिला कमेटी के सचिव बनाए गए, जब से नगरपालिका की यूनियन करने लगे हैं, तब से न सिर्फ़ देह पर चर्बी चढ़ गई है, बल्कि शहर में मकान भी बनवा लिया, मटका-तसर भी पहनने लगे हैं, कॉन्फ्रेंस अटेंड करने लगे हैं।" (वही, पृ०–150) ध्यान रहे कि यही चक्रधर जी कॉमरेड कमलाकांत को कटघरे में खड़े करने के प्रयास में शामिल हैं। वे कमलाकांत पर आरोप लगाते हैं कि लोग आपकी गलती से मारे गए। बहरहाल, दूसरी ओर जमीन पर काम करने वाले कमलाकांत हैं जिनके घर में सिर्फ़ एक चादर है। अगर जाड़े की सर्द रात में उन्हें मीटिंग अटेंड करने के लिए घर से बाहर जाना है तो उन्हें तेज बुखार से कँपकँपाते बेटे के शरीर से वह चादर खींचनी पड़ती है।

कहानी में कमलाकांत उपाध्याय बलुआ गाँव में सक्रिय वामपंथी कार्यकर्ता हैं जिनके नेतृत्व में मजदूरों के गाँव के भूमिपति जगतनारायण सिंह से मजदूरी के लिए संघर्ष होता है। इसमें चार मजदूरों की हत्या कर दी जाती है। कमलाकांत प्रभावित इलाके में पार्टी के ऊपरी स्तर के कार्यकर्ता-पदाधिकारी के साथ मीटिंग रखना चाहते हैं ताकि हत्या के बाद दहशत में

आए मजदूरों को बल मिले। लेकिन जिला सचिव चक्रधर एवं रामगोबिन मास्टर की भीरुता के कारण मीटिंग प्रभावित इलाके से अलग होती है। वहाँ भी मुख्य विचारणीय मुद्दों में हत्या-प्रकरण को शामिल नहीं किया जाता। कमलाकांत इससे आहत होते हैं और मीटिंग में पार्टी की कार्यनीतियों पर बहस छिड़ जाती है। बहस के बीच कमलाकांत ऐसे कदम की तलाश में हैं जो कि चोट खाए, दहशत में आए लोगों को फौरी राहत पहुँचा सके। इसी क्रम में वे संबद की आलोचना करते हैं, हथियार की माँग भी कर डालते हैं। हालाँकि वे ये भी कहते हैं कि इसकी माँग वे आत्मरक्षा के लिए कर रहे हैं। उनकी माँग स्वीकृत नहीं होती। यह तो ठीक है कि रक्तध्वज जी कहते हैं "हम आंक के बदले आंक पोड़ने में आपकी मदद नई करेंगे" (वही, पृ०–136) लेकिन प्रश्न है कि रक्तध्वज जी का अगर मुख्यमंत्री से संपर्क है तो उसका प्रयोग उन्होंने जगतनारायण के विरुद्ध एक्शन करवाने में अब तक क्यूँ नहीं किया, जिसका आश्वासन वे बाद में देते हैं। बहस अंततः किसी नतीजे पर नहीं पहुँचती। कमलाकांत खाली हाथ लौट आते हैं।

अक्सर इस कहानी के विश्लेषण में इसे दो पार्टी लाइन के बीच संघर्ष के रूप में देखा गया है। प्रायः कहानी एवं कहानीकार की पक्षधरता संसदीय वाम के बरक्स रक्तरंजित क्रांति समर्थक वामधारा के रूप में की जाती रही है। लेकिन कहानी का प्रतिपाद्य सचमुच यही है क्या? या यह कहानी किसी ज़रूरी चिंता को रख रही है जिसे समाज का यांत्रिक ढंग से अध्ययन करने वाले एवं थीसिस लिखने वाले विचारक समझ नहीं पा रहे हैं। क्या इन सिद्धान्तकारों की अध्ययन प्रक्रिया में ठेठ भारतीय सामाजिक यथार्थ अनदेखा नहीं रह जा रहा है?

कमलकांत को हथियार समर्थक रूमानी क्रांतिकारी मान लेना ठीक नहीं होगा। दरअसल कमलाकांत की माँग उसके क्षोभ की अभिव्यक्ति

है तथा यथार्थ की अवहेलना करने वाले दस्तावेजी बुद्धिजीवियों को ललकार है। वो सफरिंग हैं जिसे जमीनी कार्यकर्ता दिन-रात महसूस करता है। वह हर रोज़ मुसीबतों से दो-चार हो रहा है, और उसे कहीं से सहयोग नहीं मिल रहा है। मद्धिम जादव की भैंस कम दूध देने लगी है क्योंकि उस जगह की नाकेबंदी कर दी गई है जहाँ उसके जैसों के पशु चरने जाया करते थे। बड़े आइडियालॉग के लिए बहुत महत्त्व का प्रसंग नहीं हो सकता है, लेकिन मद्धिम जादव जैसों के लिए तो है। पूरी कहानी रूढ़ आइडियोलॉजी एवं फील्ड की चुनौतियों के द्वन्द्व पर रची गई है। आइडियोलॉजी अतीत के संदर्भ से खड़ी की जाती है एवं वहीं के दृष्टांतों से पुष्ट की जाती है जबकि फील्ड में अलहदा चुनौतियाँ भी आती हैं। विचारक एवं रणनीतिकार दीर्घकालिक समाधान पेश करते हैं, लेकिन जमीन पर फौरी रणनीति की आवश्यकता महसूस होती है। कहानी में रक्तध्वज जी, आलोक भट्टाचार्य, कॉमरेड चक्रधर एवं रामगोबिन मास्टर का बहुमत एवं वर्चस्वशाली आवाज़ किसी विचौलिए के माध्यम से समझौता करने तथा अनुकूल स्थिति के निर्माण तक समस्या को टाल देने के पक्षधर हैं। ये कमलाकांत पर प्रीमैच्योर्ड स्टेज में दुस्साहस का आरोप मढ़ते हैं, लेकिन जब कमलाकांत प्रश्न करते हैं कि–"जब भूमिपति सामंत तनिक विरोध पर ही हमें मारने को दौड़ रहे हैं तो क्या हम चुपचाप मार खा लें?" (वही, पृ०–135) इस मूल प्रश्न का कोई समाधान कहीं से नहीं आता उल्टे पार्टी के मुखपत्र से संबंधित आलोक भट्टाचार्य कमलाकांत को झिड़क देते हैं–"आप इसकूल का छेले का माफिक प्रश्नों करता है...जस्ट लाइक अ मोयेव।" (वही, पृ०–135) यहाँ ज़रूरत थी कि किसी वैकल्पिक राह को तलाशा जाता।

वास्तव में यह कहानी उच्च स्तर पर विराजमान रणनीतिकारों-सिद्धान्तकारों-व्याख्याकारों में मौजूदा चुनौतियों के प्रति जो आत्मघाती

उपेक्षावाद पनप रहा है, उस ओर ध्यान खींचती है। मुक्तिबोध ने अपनी एक कविता में प्रश्न उठाया था कि सभी मानव सुखी, सुंदर और शोषण मुक्त होंगे। दिक्कत यह है कि शोषण-मुक्ति का जिन्होंने वादा किया था कालांतर में उनका अंदाज टालू हो गया। जमीनी कार्यकर्ता कमलाकांत के लिए हत्या-प्रकरण प्राथमिक महत्त्व का है जबकि पार्टी पदाधिकारी इसे ख़ास तवज्जो नहीं देते कमलाकांत मीटिंग में जब अपने गाँव की समस्या उठाने का प्रयास करते हैं तो राज्य कमेटी के सचिव सत्यार्थी जी हस्तक्षेप करते हुए कहते हैं–"कॉमरेड उपाध्याय बातचीत के क्रम में उस घटना पर चर्चा अवश्य होगी। पहले ज़रूरी मुद्दों पर 'डिस्कशन' कर लिया जाए।" (वही, पृ०–129) कहानी यहाँ जनपक्षधर राजनीति में घर कर रही बड़ी समस्या की ओर संकेत कर रही है। माना कि संगठन घटना के विविध पहलुओं के आकलन के बाद रणनीति बनाएगा, लेकिन अगर उसका मुख्य लक्ष्य दवे-कुचले लोगों को सामंती-पूँजीवादी, उत्पीड़न से निजात दिलाना है तो लोगों पर ढाये जा रहे जुल्म; की जा रही उनकी हत्या को विचार की गैर प्राथमिकता वाली सूची में कैसे ढकेला जा सकता है। दीर्घकालिक रणनीति पर आश्रित कार्यकलाप को तभी चलाया जा सकता है जब तत्कालीन समस्या की अवहेलना न किया जाए। बड़े संघम के निर्माण का रक्तध्वज जी का स्वप्न जुल्म की बारंबारता के बीच तभी आगे बढ़ सकता है जब नेतृत्व उत्पीड़ित समुदाय के साथ हर कदम पर साथ हो। किसी भी संस्था के निर्माण एवं प्रसार के लिए परस्पर विश्वास एवं उत्साह की ज़रूरत होती है, समर्पण इसी से निकलता है। चोट खाए आदमी को उपचार की ज़रूरत पहले होती है, अन्य निर्देश, सलाह अथवा तर्क की बाद में।

इस कहानी में बहस-तलब मुद्दों में एक प्रमुख मुद्दा है कि लोकतांत्रिक प्रक्रिया के प्रति हमारा किस तरह का बरताव हो। कहानी इस ओर ध्यान

खींचना चाहती है कि लोकतंत्र की संकल्पना का हम सुविधानुसार प्रयोग नहीं कर सकते। कोई भी संगठन अगर इसे आंतरिक स्तर पर उसके पूरे स्प्रिट के साथ लागू नहीं कर रहा है तो बाहरी स्तर पर उसे इसकी तरफ़दारी का क्या हक़ बनता है। सभ्यता के विकास के सत्ता एवं व्यवस्था के संचालन के लिए सर्वाधिक महत्त्वपूर्ण नेमत प्राप्त हुई है वह लोकतंत्र है। ज़रूरत है कि हम इसे अपने मानदंड पर, अपनी सुविधा के अनुरूप 'डिफ़ाइन' न करें। कहानी में रक्तध्वज जी कमलाकांत को लोकतांत्रिक विकल्प को न छोड़ने की सलाह देते हुए कहते हैं–"चुनने अउर मत व्यक्त करने की जो आज़ादी मिली हुई है। उसे भी चोड़ देने पर तो वर्ग शत्रुओं को अउर सुविदा हो जाएगी।" (वही, पृ०–151) यह तो ठीक है, लेकिन लोकतंत्र के स्प्रिट को अपने ही मीटिंग के संदर्भ में लागू नहीं कर पाते। कमलाकांत के द्वारा प्रभावित इलाके में मीटिंग कराने की माँग को स्वीकार न करने का कारण 'खतरा' बताया जाता है। इसी क्रम में जिला सचिव चक्रधर जी कमलाकांत को तुष्ट करने का प्रयास करते हुए कहते हैं–"वैसे वह इलाका आपके प्रभाव क्षेत्र में आता है। जब आप आ गए तो समझें कि सब आ गए।" (वही, पृ०–124) लेकिन चक्रधर जी अपनी भीरूता को ढकने के लिए कमलाकांत जिस प्रतिनिधित्व का झाँसा देते हैं उसका निर्वाह मीटिंग के दौरान नहीं करते। कमलाकांत को या तो चुप करा दिया जाता है या फिर पूरे मोर्चाबंदी के साथ उसे गलत ठहरा दिया जाता है। यही नहीं एक किस्म का श्रेयवाद भी पनपता हुआ नज़र आता है। जिस तरह कमलाकांत के 'मार खा लें' वाले प्रश्न को आलोक भट्टाचार्य झिड़ककर टाल देता है, इससे आगे बढ़कर रामगोबिन मास्टर भूइलोटन गड़ेरिया को बोलने का अधिकार भी देना नहीं चाहता। भूइलोटन जब प्रश्न करता है कि–"कॉमरेड साहेब, आप का चाहते हैं? हम सिरिफ मार खाते रहें।" यह प्रश्न रामगोबिन

मास्टर को नागवार लगता है। वे तैश में आ जाते हैं–"ना चुप रहबअ धोती से बाहर मत होखअ...।" आगे हिदायत देने के स्वर में कहते हैं–"ये सब गूढ़ बातें हैं सिद्धान्त की। तुम्हारी समझ में नहीं आएँगी।" (वही, पृ०–137) दरअसल कहानी यहाँ पार्टी में मौजूद सामंती चरित्र एवं विशेषाधिकारवाद की ओर ध्यान खींचती है। रामगोबिन मास्टर का यह प्रभुत्ववादी हस्तक्षेप कोई अकेला दृष्टांत नहीं है। वह मद्धिम जादव को भी 'कॉमरेडवा' कहकर बुलाता है। दूसरी ओर पार्टी पदाधिकारियों से सम्मान एवं चापलूसी से बात करता है।

दरअसल रामगोबिन मास्टर और चक्रधर जी जैसा इनसाइडर किसी भी जनपक्षधर एवं लोकतांत्रिक क्रियाकलाप के लिए घातक है। ऐसे लोगों को चिह्नित किया जाना आवश्यक है। ये पार्टी को सही निर्णय तक पहुँचने नहीं देते। इसका जब भी अवसर आता है वे बातचीत के डायरेक्शन को दूसरी ओर मोड़ देते हैं और इस कारण से समस्या गहरी होती चली जाती है। विरोधी पक्ष के संवाद को टालते जाना, उसकी आक्रामकता की अवहेलना करना, उस पर किसी किस्म का दबाव न बनाना उसे और घातक कदम की ओर बढ़ने की छूट देना है। रामगोबिन मास्टर और चक्रधर जी के कारण जगतनारायण सिंह के संदर्भ में ऐसा ही हो रहा है।

वापस मूल प्रश्न की ओर लौटें। क्या कमलाकांत की मूल आस्था या परिवर्तित आस्था रक्तरंजित राजनीति में है? क्या कहानी का संदेश यही है? क्या कमलाकांत अब इसे ही एकमात्र विकल्प मानता है? नहीं। कमलाकांत आत्मरक्षा के लिए हथियार की माँग तो कर बैठता है, लेकिन इस माँग के बाद भी जब उसके माँग को कोई समर्थन नहीं मिलता तो वह स्वयं ही आगे बढ़कर जनतांत्रिक युक्ति का प्रस्ताव करता है–"मुझसे तो शांतिपूर्ण हल नहीं निकल सका। मैं अपनी कमज़ोरी मान लेता हूँ...

तो आप हैं। रक्तध्वज जी भी आ गए हैं, सत्यार्थी जी और चक्रधर जी भी हैं...आप लोग मिलकर कल जगतनारायण से बात कीजिए। न हो तो पंचायत ही बैठायी जाए। शायद कोई रास्ता निकल आए।" (वही) स्पष्ट है कि कमलाकांत का उद्देश्य हथियार की वकालत नहीं है। ध्यान रखना चाहिए कि ऐसा प्रयास एक बार वह अपने स्तर से कर चुका है। उसे न्याय तो नहीं मिला लाठी खाते-खाते ज़रूर बचा था। तो कमलाकांत का आग्रह हथियार में नहीं, समस्या का न्याय के साथ समाधान में है। अत: कहानी की मूल संकल्पना समाधान की बेचैनी है। चीज़ें बेपटरी तब हो जाती हैं जब रामगोबिन मास्टर इस संभावना को चूना लगा देता है। वह जगतनारायण का ऐसा भयानक चित्र खींचता है कि रक्तध्वज भी सकते में आ जाते हैं। इस प्रकार सीधे समझौते या पंचायत की गुंजाइश बन नहीं पाती।

'कॉमरेड का कोट' जनपक्ष राजनीति में घर कर रही एक और दिशाहीन पहलू की ओर हमारा ध्यान आकर्षित करती है, वह है उसके चतुर सामंती और बुर्जुआ राजनीति के दुष्चक्र में फँसने की आशंका। कमलाकांत की माँगों एवं प्रस्तावों को नकारने के बाद रामगोबिन मास्टर जैतपुरवा गाँव के महेन्दर प्रसाद की मदद से जगतनारायण से समझौते का प्रस्ताव करता है। महेन्दर प्रसाद भी जमींदार है, लेकिन वह ज़्यादा चालाक एवं शातिर है। वह पार्टी मेंबर है एवं क्रांतिकारी गीत लिखता है, लेकिन मजदूर के प्रति उसका आचरण भी शोषक वाला ही है। जब कमलाकांत महेन्दर प्रसाद द्वारा मजदूरों को न्यूनतम मजदूरी नहीं देने का तथ्य रखते हैं तब रामगोबिन मास्टर डी.एम. का घेराव कर मारे गए मजदूरों के परिवार को मुआवजा दिलवाने की बात करता है। कहानी के इस मोड़ पर जो 'बिटवीन द लाइन्स' है उसे पढ़े जाने की ज़रूरत है। यहाँ बड़ी चतुरता से मूल प्रश्न को–न्यूनतम मजदूरी के सवाल को ठंडे बस्ते में डाला जा रहा है। आगे

रक्तध्वज जी कहते हैं कि वे मुख्यमंत्री से मिलकर समाधान निकालेंगे– "कॉमरेड-अ उपाध्याय! आप गबराते क्यों हैं? मैं यहाँ से जाते ही मुख्यमंत्री से मिलूँगा। देकिए न, मैं अइसा उपाय आजमाना चाहता हूँ कि साँप बी मर जाये अउर लाटी बी न टूटे।" (वही, पृ०–144) यहाँ जनपक्षधर राजनीति में घर कर रही मूल समस्या की ओर संकेत है। पदाधिकारियों का हर प्रयास लाठी को बचा लेने का है। यह एक बड़ा विरोधाभास है कि जिस राजनीति का उदय ही संघर्ष के लिए हुआ है वहाँ आमने-सामने होने में एक गहरी हिचकिचाहट पैदा हो गई है। यह सबसे वह बड़ा संकट है। और यह गौर करने की बात है कि रामगोबिन मास्टर, जिनके पास जीवन का अन्य आधार मौजूद है वह पार्टी पदाधिकारियों के साथ हिचकिचाहट दिखा रहे हैं, समाधान के प्रयास को ख़ारिज कर दे रहे हैं; जबकि दूसरी ओर मद्धिम जादव और भूइलोटन गड़ेरिया है जो जगतनारायण की ज्यादतियों के प्रत्यक्ष भोक्ता हैं, कमलाकांत के साथ नज़र आते हैं।

इस कहानी में दो प्रसंगो–कॉमरेड रक्तध्वज जी के रूसी कोट की प्रशंसा एवं लिट्टी के भोजन का विस्तार से चित्रण किया गया है। भोजन करने-कराने का जो उत्साह रामगोबिन मास्टर में है तथा जो अरुचि कमलाकांत, मद्धिम जादव एवं भूइलोटन गड़ेरिया में है वह इन दोनों समुदाय की मन: स्थिति को स्पष्ट करने में तो सहायक हुई ही है, कहानी को संवेदनात्मक गहनता भी प्रदान करती है। रूसी कोट पर रक्तध्वज जी का मुदित होना, आलोक भट्टाचार्य को अपनी सदरी के प्रदर्शन का उतावलापन, जैसे प्रसंग की अवतारणा कर कहानीकार ने इनके चरित्र के कंट्रास्ट को उजागर किया है।

कॉमरेड का कोट जनपक्षधर राजनीति में जमीनी स्तर पर कार्य करने वाले कार्यकर्ताओं की विकल्पहीनता एवं उनके रोष को बख़ूबी व्यक्त

करती है। यह कहानी यह भी दर्शाती है कि किस प्रकार इनमें मोहभंग की स्थिति पनप रही है।

यह कहानी चरित्रों पर केन्द्रित है एवं उन्हीं के माध्यम से आगे बढ़ती है। कहानी के दो सशक्त चरित्र कमलाकांत एवं रक्तध्वज जी हैं। एक तीसरा पात्र रामगोबिन मास्टर भी हर जगह मौजूद है पर उसका एक मात्र (अव) गुण यह है कि वह लगातार संघर्ष को भोथरा करने का प्रयास करता है। चरित्र की प्रधानता के बावज़ूद, चरित्र-चित्रण की दृष्टि से कमज़ोर कहानी है। ख़ासकर कमलाकांत एवं रामगोबिन मास्टर के संदर्भ। एक को जहाँ 'लार्जर दैन लाइफ' बना दिया वहीं दूसरे को लगभग खल पात्र की तरह चित्रित कर दिया गया है। यह नीति कथाओं का ढाँचा था जिसे प्रेमचंद ने ही विदाई दे दी थी। कमलाकांत इतने सद्वृत्ति वाले व्यक्ति हैं कि विरोधी के खेत से नीलगाय को दूर तक खदेड़ देते हैं, और पानी जाए-न-जाए इस कारण मेड़ की मरम्मत करने लगते हैं। इन दोनों की तुलना में रक्तध्वज जी का चरित्र बेहतर ढंग से रचा जा सका है। कहानी में उनका द्वन्द्व बख़ूबी सामने आता है। जब सारी आवाजें कमलाकांत के प्रतिकूल हैं वे उसे स्पेस देते हैं, लेकिन यही व्यक्ति कमलाकांत के तर्क से सहमति के बावज़ूद उसकी माँगों के साथ खड़ा नहीं हो पाता। जाने-अनजाने उसके चारों ओर अकर्मण्यता, भीरूता, लफ्फाजी एवं विचौलियेपन का जाल निर्मित हो गया है, उसे वह काट नहीं पाता। वह गतिरोध को समझता है और स्वीकार भी करता है–"कॉमरेड-अ कमलाकांत, आपको जवाब देने की स्थिति में कुद को नई पा रहा हूँ, न मैं यई कह सकता हूँ कि भारतीय जनता के विक्छोब को कउन-सी पार्टी-ई लीड-अ कर ले जाएगी।" (वही, पृ०–152)

कॉमरेड का कोट हथियार समर्थक एवं लोकतंत्र समर्थक की टकराहट की कहानी नहीं है, यह जड़ वाम एवं गतिशील वाम के द्वन्द्व की कहानी

है। कहानी में एक जगह कमलाकांत कहता भी है–“मार्क्स हमारी तरह जड़ नहीं थे। वह द्वन्द्व को स्वीकार करते थे और मार्क्सवाद ने मुझे यही सिखाया है कि अपनी-अपनी परिस्थितियों के अनुसार उसका क्रियान्वयन किया जाना चाहिए...।”

दरअसल कमलाकांत की आक्रामकता एवं कोट-प्रसंग कहानीकार ने टूल्स की तरह इस्तेमाल किया है तथा इसके माध्यम से ऊपरी स्तर की जड़ता, अभिजात्य, दस्तावेजी लफ्फाजी एवं टालू आश्वासन को सामने लाया है तथा जमीनी संघर्ष में नेतृत्व की सतत, सम्यक एवं सार्थक भूमिका की अपील को रखा है। नेतृत्व से नोंक-झोंक जमीनी स्तर पर सफरिंग से उत्पन्न क्षोभ की अभिव्यक्ति है। अन्यथा कमलाकांत तो तैयार ही है कि समस्या का निवारण पंचायत से हो जाए।

❑❑❑

